마태
효과

성·공·을·향·한·사·람·들·의·더·큰·성·공·을·위·한

마태효과

시우 지음 오수형 옮김

사람과책

마태효과

지은이 _ 시우 西武
옮긴이 _ 오수형

1판 1쇄 인쇄 _ 2006년 12월 25일
1판 1쇄 발행 _ 2006년 12월 30일

펴낸이 _ 이보환
펴낸곳 _ 도서출판 사람과책
등록 _ 1994년 4월 20일(제16-878호)

주소 _ 135-907 서울시 강남구 역삼1동 605-10 세계빌딩 5층
전화 _ (02)556-1612~4
팩스 _ (02)556-6842
홈페이지 _ http://www.mannbook.com
이메일 _ publisher@mannbook.com

* 잘못된 책은 바꾸어 드립니다.
* 값은 뒤표지에 표시되어 있습니다.

ISBN 89-8117-097-5   03320

낯선 곳에 가면 우리는 흔히 손님이 많은 식당을 선택하여 식사한다. 그곳에서 기다릴지언정 손님이 없는 식당에는 가려고 하지 않는다. 병원에 진찰받으러 가서도 이름난 의사에게는 오랜 시간을 기다리더라도 진찰을 받지만, 의술이 떨어진다고 알려진 의사에게는 가려고 하지 않는다. 그래서 손님이 많은 식당의 주인은 규모를 점점 더 확대하지만, 손님이 적은 식당의 주인은 끝내 문을 닫는 수밖에 없다.

인류의 자원 분배에서 '부익부 빈익빈'은 일반적인 현상이다. 부유한 이는 더 많은 자원 즉, 금전과 지위 및 명예를 차지하고 가난한 이는 아무것도 가지지 못한다. 저명한 사회학자 로버트 K. 머튼Robert K. Merton은 처음으로 이러한 현상에 대해 분석하면서 그것을 '마태효과'라고 이름 지었다.

　로버트 K. 머튼이 처음으로 대중에게 밝힌 것에 따르면, 어떠한 개체나 집단 또는 지역이 일정한 방면에서(돈, 명예, 지위 등) 앞서 성공하면 강점이 쌓여 더욱 크게 성공하고 발전할 더 많은 기회를 얻는다고 했다.

　'마태효과'가 제시한 이치는 어릴 때부터 받아온 교육과는 뚜렷이 반대된다. '실패는 성공의 어머니이다'라는 말을 익히 들어왔으며, 대체로 우리의 부모님과 선생님은 모두 '역경 속에서만 위인이 될 수 있다'라고 여기셨다. 또한, 우리는 점진적으로 발전해야 한다는 이유로 일정한 방면에서 성공한 후에는 잠시 멈추도록 요구받았다. 우리는 항상 '성공이라는 스승은 빈약하다. 실패야말로 가장 좋은 스승이다'라는 말을 들어왔다.

　그러나 그들은 다음과 같은 것을 인식하지 못하였다.

　성공한 사람은 그대의 손에 쉽게 성공의 기회를 넘기지 않는다. 남을 탓하지 말고, 무엇인가 이루어 자기의 능력을 보여라. 성공의 최대 장점은 사람들이 그대를 믿고 더욱 크고 많은 기회를 안겨준다는 점이다. 더욱 크고 많은 기회를 얻게 될 때 잠재능력이 발휘되고 비로소 더 큰 성과를 얻을 수 있다.

우리는 성공에서 배우는 것을 소홀히 하기 때문에 장점과 자신감이 없는 평범한 사람으로 존재한다. 평범한 사람들은 성공의 출발점과 돌파구를 찾지 못해 영원히 성공으로 이르는 길에 진입할 수 없게 된다. 즉, 성공한 사람이 되지 못할 것이다.

여기 이 책은 성공을 꿈꾸는 모든 이에게, 그리고 실패가 성공의 어머니라고 여기는 모든 이에게 다음과 같은 사실을 일깨운다. 성공은 곱절의 효과가 있다. 성공할수록 많은 기회를 얻게 되며 더욱 자신감을 느끼게 된다. 그리고 기회와 자신감은 그대가 더욱 크게 성공하도록 할 것이다. 그런 각도에서 말하자면 성공은 성공의 어머니이다.

contents

| 책머리에 | 성공은 성공의 어머니이다 | **5**

| 마태효과 1 | 마태효과는 없는 곳이 없다 | **13**

마태효과는 없는 곳이 없다 | 승자 독식과 80/20 법칙 | 마태효과가 가장 총애하는 사람은 따로 있다 | 승자 독식 시대의 불평등 | 대규모의 힘 | 몇 번의 작은 승리가 한 번의 큰 승리보다 못 하다 | 한걸음 앞서면 줄곧 앞선다 | 자원은 많을수록 좋다 | 집중화가 곧 경쟁력 | 잠금 효과 | 애인의 눈에서 서시西施가 나온다

| 마태효과 2 | 금상첨화의 마태효과 | **65**

성공은 성공의 어머니 | 성공할수록 더 커지는 자신감 | 영원히 반보 앞서기 | 이름이 알려지면 모든 일이 쉽게 풀린다 | 자신만의 개인 브랜드를 만들어라 | 성공해지려면 유명해져라 | 위대한 브랜드는 위대한 제품을 초월한다 | 약자를 누르고 강자를 부축하기 | 인재가 경쟁력이다

| 마태효과 3 | 경계해야 할 마태효과의 거품 | **103**

승리의 진정한 의미 | 끊임없이 승리할 수 있는 실력 쌓기 | 나쁜 친구는 썩은 사과와 같다 | 신용은 곧 성공이다 | 호랑이의 위세를 빌린 여우

| 마태효과 4 | 마태효과의 병목 현상 벗어나기 | **121**

성공으로 가는 첫걸음 | 주도적이고 자발적으로 일하며 책임을 지라 | 앞을 내다보는 안목과 일보 선행 | 창의력과 독립적인 사고를 유지하라 | 바닥에서부터 시작할 필요는 없다 | 전문 영역을 강화하라 | 한 우물을 파라 | 소꼬리보다 나은 닭대가리

| 마태효과 5 | 마태효과의 장벽 극복 | **149**

지붕에 구멍만 나면 비가 내린다 | 성공은 준비하는 자의 것이다 | 실패를 모르는 정신 | 실패에서 배우기 | 자신을 표현하라 | 먼저 인생의 목표를 찾으라 | 우세한 자원의 집중 | 세 살 버릇 여든까지 간다

| 마태효과 6 | 마태효과의 원점 발견 | **175**

모래를 쌓아 탑을 세우는 성공의 법칙 | 부자가 되는 길 | 둘의 노력으로 여덟의 이윤 얻기 | 돈은 돈을 낳는다 | 돈을 버는 일곱 가지 지혜 | 버리는 시간을 줄여라

| 마태효과 7 | 마태효과의 규칙 바꾸기 | **199**

승자가 규칙을 정한다 | 자신만의 규칙을 세워라 | 한 길만을 고집하지 마라 | 구르는 돌이 될 것인가 | 온전한 자기 자리 찾기 | 무한한 인간의 잠재력 | 누구나 한가지 재능은 있다 | 끊임없이 변화하는 세계에 대처하라 | 영원한 승자는 없다

| 마태효과 8 | 마태효과의 위치 에너지 법칙 | **229**

기생의 지혜 | 다른 사람의 힘을 활용하라 | 유능한 사람에게서 배우기 | 승자처럼 사고하라 | 우수한 집단에 들어가기 | 자신의 고객은 누구인가

| 마태효과 9 | 마태효과의 성공 법칙 | **249**

성공한 사람처럼 보여라 | 먼저 성공한 사람이 영원한 승자이다 |
성공한 사람의 위세 | 성공한 사람의 이미지를 만드는 네 가지 방
법 | 기업의 브랜드 가치를 높이는 세 가지 방법 | 자원의 확대에
영향을 주는 대인 관계 | 신용과 브랜드를 이용하여 고객을 모으
라 | 한 명의 고객 뒤에 있는 250명의 잠재 고객 | 영향력 있는 고
객을 찾는 세 가지 기준

| 마태효과 10 | 교육과 과학 연구 영역의 유령 | **291**

심화하는 학교 교육의 마태효과 | 자만과 자기비하의 대립 형성 |
손바닥과 손등 모두 살이다 | 교육에 영향을 주는 요인 | 우리는
천재가 필요 없다 | 과학계의 엘리트 독점 현상 | 노벨상은 유명인
에게만 준다 | 마태효과와 학술계의 부패

| 옮기고 나서 | **315**

마태
효과 1

마태효과는 **없는** 곳이 **없다**

마태효과는 어느 곳, 어느 때에나 있다. 생물의 진화나 개인의 발전, 그리고 국가나 기업 간의 경쟁을 막론하고 마태효과는 보편적으로 존재한다.

마태효과는 없는 곳이 없다

어떤 부자가 먼 나라로 떠나면서 출발 전에 하인들을 한 자리에 불러 모아놓고 재산을 나누어 맡겼다. 주인은 각자의 능력에 따라, 첫째 하인에게는 다섯 달란트(고대 로마의 화폐단위)를 맡기고, 둘째 하인에게는 두 달란트, 셋째 하인에게는 한 달란트를 맡겼다.

다섯 달란트를 받은 하인은 그 돈을 장사하는 데에 사용하여 다섯 달란트를 더 벌었다. 두 달란트를 받은 하인도 마찬가지로 두 달란트를 더 벌었다. 그러나 한 달란트를 받은 하인은 주인이 맡긴 돈을 땅속에 묻어두었다. 얼마 뒤에 여행에서 주인이 돌아왔다. 다섯 달란트를 받은 하인은 열 달란트를 가지고 주인을 뵈며 말했다. "주인님, 주인님이 다섯 달란트를 맡기셨지요. 보세요, 제가 다섯 달란트를 더 벌었습니다."

"잘했다! 너는 많은 일에서 자신감이 충만한 사람이다. 네게 더욱 많은 일을 관장하게 할 것이다. 이제 가서 네 땅을 차지하여 누려라."

마찬가지로 두 달란트를 받은 하인은 네 달란트를 가지고 주인을 뵈며 말했다. "주인님, 주인님이 두 달란트를 맡기셨지요. 보세요, 제가 두 달란트를 더 벌었습니다."

주인이 말했다. "잘했다! 너는 몇 가지 일에서 자신감이 충만한 사람이다. 네게 많은 일을 관장하게 할 것이다. 이제 가서 네 땅을 차지하여 누려라."

마지막으로 한 달란트를 받은 하인이 와서 말했다. "주인님, 주인님은 파종하지 않은 땅에서도 수확하시는 무서운 분이라는 것을 압니다. 그래서 두려운 나머지 돈을 땅속에 묻어두었습니다. 그곳에 가보면 주인님의 돈이 묻혀있습니다."

주인은 하인을 꾸짖었다. "이 게으르고 악한 놈아, 너는 내가 파종하지 않은 땅에서도 수확한다는 사실을 알았으니, 그렇다면 적어도 이자 놀이하는 사람에게 내 돈을 맡겨 두어 내가 돌아오면 이자와 함께 돌려주어야 마땅하다." 그러고는 몸을 돌려 다른 하인에게 말했다. "저자의 한 달란트를 빼앗아 다섯 달란트를 벌어들인 사람에게 주어라."

"그렇지만 그자는 열 달란트를 가졌습니다."

"자기에게 주어진 것을 잘 활용하는 사람은 더 많이 받아서 풍족하게 될 것이고, 책임을 다하지 못하는 사람은 있는 것마저 빼앗길 것이다."

이 이야기는 《신약성서》의 〈마태복음〉에 있다. 1960년대에 사회학자 로버트 K.머튼은 처음으로 '부익부 빈익빈'의 현상을 마태효과로 귀납 하였다.

인류의 자원 분배에서 〈마태복음〉에 나온 '부익부 빈익빈' 현상은 매우 뚜렷하다. 부자는 더욱 많은 돈과 명예, 성공의 자원을 소유하고 가난한 자는 아무것도 없는 존재가 된다.

통계에 따르면, 현재 가장 부유한 5분의 1의 국가가 전세계 국민 총생산액의 85퍼센트를 점유하고 있으며, 20세기에 들어서 1960년대 이래 가장 부유한 나라와 가장 가난한 나라의 격차는 두 배로 확대되었다. 국가나 지역만이 아니라 개인의 재산 또한 마찬가지다.

경제적으로 황금기에 접어든 미국인은 점점 더 부유해졌는가 아니면 점점 가난해졌는가? 라는 듣기에도 우스꽝스러운 물음에 많은 미국인이 깊이 생각해야 할 답안이 들어있다. 상대적으로 말할 때 부유한 이는 더욱 부유해지고, 가난한 이는 더욱 가난해졌다는 것이다.

미국 워싱턴의 예산 및 정책연구센터와 경제정책연구소가 동시에 다음과 같은 보고서를 발표했다. 미국에서 가장 부유한 사람과 가난한 사람의 소득 차이는 벌어졌으며 또한 이 빈부격차는 1980, 90년대에 존재했던 것보다 커졌다. 그들이 일궈낸 화려한 경제적 번영의 이면에는 빈부격차라는 병폐가 도사리고 있었던 것이다. 비록 현실에서 빈부차이에 대해 깊이 느끼고 있다고는 해도 다음에 제시하는 숫자는 당신을 더 놀라게 할 것이다.

1990년대 말 미국에서 소득이 가장 높은 5분의 1의 가정 평균 연소득은 약 13만 7천 달러 내외인데 비하여 가장 가난한 가정은 1만 3천 달러로 고소득 가정의 10분의 1에도 미치지 못하였다. 조사에서는 또 다음의 사실도 발견하였다. 가장 가난한 5분의 1의 가정은 과거 10년 동안 수입이 1퍼센트도 증가하지 않았는데(통화팽창의 요인 제거), 가장 부유한 5분의 1의 가정은 소득이 15퍼센트나 증가했다. 미국의 3대 거부(빌 게이츠Bill Gates, 워런 버핏Warren Buffett, 폴 앨런Paul Allen)의 개인 재산의 합계는 전세계 43개 최빈국 국민생산총액의 합계를 이미 초과했다. 또한, 여러 가지 통계들은 미국이 부의 집중도에서 1930년대의 대공황 이래 최고 수준에 이르렀음을 알려준다.

몇몇 개발도상국에서도 도시와 농촌 간, 지역 간, 그리고 사회

각 계층 간에 빈부의 차이가 갈수록 벌어져 '부익부 빈익빈'의 현상이 미국의 경우와 마찬가지로 뚜렷하다. 한편, 마태효과가 묘사한 현상은 국가 경제력의 차이에서뿐만 아니라 전반적인 사회 생활의 각 방면에도 존재한다.

슈퍼스타와 신흥 전문직의 최고 인재는 천문학적 숫자의 보수를 받고 있으며, 그런 추세는 끊임없이 심화하고 있다. 영화감독 스티븐 스필버그Steven Spielberg는 1994년에 1억 6천5백만 달러를 벌어들였다. 수입이 가장 많은 변호사인 조셉 제이미Joseph Jamie의 보수는 9천만 달러이다. 그러나 같은 재능을 지녔음에도 많은 영화감독과 변호사는 대부분 그 액수의 아주 작은 부분만을 벌 수 있을 뿐이다.

이미 자본의 형성이 공고히 구축된 시장은 점유율이 1, 2위의 기업에 의해 주도되며, 대다수 회사는 도태되거나 쫓겨나는 운명을 피하기 어렵다. 예를 들어, 미국의 자동차 시장은 지엠GM과 포드Ford의 둘이 양립하여 안정적인 업적과 이윤으로 생존의 문제를 보장한다. 그러나 3위의 크라이슬러Chrysler는 줄곧 생사의 갈림길에서 발버둥을 쳤다. 한때 아이아코카가 이 회사에 영광을 불러왔지만 끝내는 '사람이 아무리 철저하게 계획해도 하늘이 하는 것처럼 정교할' 수 없어, 몇 차례 흥망성쇠를 반복한 끝에 결국 독일의 다임러Daimler사와 합병하였다.

이러한 현상에는 공통된 특징이 하나 있다. 어떠한 개체와 집단 혹은 지역은 일단 한 방면에서(돈, 명예, 지위 등) 성공하고 발전하면 강점이 쌓인다. 그리고 더욱 크게 성공하고 발전할 많은 기회를 얻는다는 것이다. 그래서 마태효과는 어느 곳에나 있고 어느 때에나 있다고 말한다.

마태효과는 개인과 기업의 자원 수요가 끊임없이 증대하고 있는 원리를 알려주며 또 개인의 성공과 삶의 행복과 관련된다. 즉, 기업의 발전과 개인의 성공에 영향을 미치는 매우 중요한 법칙이다.

승자 독식과 80/20 법칙

마태효과로 정의되는 것과 또 다른 법칙이 80/20 법칙이 있다.

이탈리아 경제학자 파레토Vilfredo Pareto는 1897년 경제학 연구 중에 우연히 19세기 영국인의 재산과 수익 모델에 관심을 두게 되었다. 그리고 파레토는 표본 조사에서 대부분의 재산이 모두 소수의 손에 흘러들어갔다는 것을 발견했다. 현대를 살아가는 대다수에게 이 현상 자체는 별로 놀랄 일이 아니지만, 그는 대단히 중요한 두 가지 사실을 발견하였다.

첫째, 한 종족이 점유하는 총 인구 대비 백분율과 그들이 차지하는 총 소득 또는 재산 사이에는 일정한 수학적 관계가 있다.

둘째, 이러한 불균형의 모델은 중복 출현한다. 파레토는 각기 다른 시기와 다른 국가에서도 이와 같은 불균형 현상을 발견했는데, 산업혁명 이전의 영국이든 동시대의 다른 국가이든 간에 같은 현상이 재차 출현하며 또 수학적으로 정확한 비율이 있음을 알게 되었다.

이것을 발견하고 크게 흥분한 파레토는 마지막으로 자신의 연구에서 다음과 같은 결론을 지었다.

만약 20퍼센트의 인구가 80퍼센트의 부를 차지한다면 10퍼센트의 사람이 65퍼센트의 부를 차지할 수 있고, 50퍼센트의 부를 단 5퍼센트의 사람이 차지할 수 있다고 예측할 수 있다. 여기에서 중요한 것은 백분율이 아니며, 부는 인구의 배분에서 불균형을 이룬다는 사실이다.

이는 예측할 수 있는 사실이다. 80/20은 이러한 불균형 현상을 말하는 이름으로 규정되었다. 결과가 꼭 그렇든 아니든 상관없다(통계로 말하면 정확한 80/20의 관계는 사실 출현 가능성이 없다). 이 법칙이 의미하는 것은 승자는 영원히 소수일 뿐이며, 승자와 패자 사이에 존재하는 처음의 미세한 차이가 승자가 모든 것을 독식하는 결과로 발전한다는 것이다.

승자가 모든 것을 독점적으로 차지할 경우 개인으로부터 기업 조직에 이르기까지 그러한 예는 이루 헤아릴 수 없다. 사회와 경제 생활은 장거리 경주와 같이 패자가 승자보다 영원히 많다(오직 한 사람만이 우승할 수 없다면 그것을 경주라고 부를 수 없다).

그밖에 우리는 항상 마태효과가 불러오는 다른 현상에도 흥미를 느낄 수 있는데, 승자의 강세는 뚜렷이 보이지 않는다는 것이다.

어떤 유명한 경주마는 생애 여러 차례 우승을 하고 주인에게 수십억 원의 상금을 벌어주었고, 팔린 가격은 다른 경주마의 100배가 넘었으나 경주한 시간은 합해서 한 시간이 안 되었다.

왜 이런 현상이 생기는가? 그 말이 다른 말의 속도보다 100배나 빨랐다는 것인가? 아니다. 그 말은 단지 다른 말보다 아주 조금 빨랐을 뿐이다. 대부분의 경주에서 그 말은 준우승한 말보다 머리 하나 정도 앞섰을 뿐이며, 어떤 경우에는 녹화한 화면을 보고서야 어느 말이 이겼는지 판단하는 일도 있었다.

이처럼 인류의 여러 가지 영역 가운데 승리한 자와 아닌 자를 구별해내는 것은 이런 미세한 차이이며 승리한 자는 총 인구의 5퍼센트에 미치지 못한다. 다음으로 이인자의 득실을 생각해보라! 그들은 단지 일인자보다 아주 조금 떨어질 뿐이다. 그러나 누리는 명예와 이익의 면에서는 대단히 큰 차이를 보인다. 한쪽은 노력을 통해 보답을 받는 성공한 사람이며, 다른 한쪽은 같은 힘을 쓰고도 조금 모자라 실패한 사람이다. 실패한 그들은 단지 몇 걸음을 적게 뛰었을 뿐이다(불행히도 그 몇 걸음이 가장 값이 나가는 몇 걸음이다).

예를 들어, 마라톤 대회에 참가하여 42.195킬로미터를 달려 결승점에 도달할 즈음, 극도의 피로감이 몰려올 때 이것을 어떻게 견뎌낼 것인가에 대해 생각해 보라.

마지막까지 달릴 기력이 있기만 하다면 분명히 견뎌낼 것이다. 왜냐하면 달려온 긴 코스에 비해 얼마 남지 않은 거리가 지닌 가치와 의미는 말하지 않아도 알 만한 것이기 때문이다. 그 몇 걸음이 없다면 지금까지 한 노력은 아무 의미도 없게 될 것이며, 그 몇 걸음이 있어야 비로소 그 긴 거리를 완주한 승리자가 될 수 있다.

인류 사회의 경쟁이 그렇듯이, 인간이 갖는 자연에 대한 인식도 이와 같다.

세계의 최고봉이 에베레스트인 것은 누구나 알며 또 그 높이도 안다. 그러나 제2의 고봉을 누가 아는가? 많은 학자가 이 문제에 대해 전문적인 조사를 했다. 심지어 많은 지리학 박사 과정에 있는 학생에게도 물었으나 시원스레 대답해내는 이는 몇 사람도 안 되었다.

중국과 파키스탄의 접경에 있는 K2는 에베레스트보다 단지 237미터 낮다. 그리고 이 차이는 에베레스트 높이의 3퍼센트에도 미치지 못한다. 그러나 바로 이 3퍼센트에 못 미치는 차이 때문에 제2의 고봉 K2는 단지 광적인 몇몇 등산가에게만 알려졌다.

에베레스트는 단지 그렇게 약간 높아서 제2의 고봉 K2를 '먹은'

것이다. 그런 예는 많다. 현실은 그렇게 잔혹하여, 영향력이 좀 큰 매체는 광고로 수억 수십억을 '먹는데' 비해 별 영향력이 없는 매체는 수십만도 '못 먹는다.'

승자 독식의 또 다른 해석은 바로 '1등만 있고 2등은 없다' 는 것이다. GE의 잭 웰치Jack Welch 전 회장은 '1위 또는 2위' 전략을 제시하였다. 어떠한 영역이든 첫째 혹은 둘째 가는 기업만이 잔혹한 경쟁을 피하는 힘을 지녀 높은 이윤을 남긴다는 것이다.

개인 사업의 발전도 그와 같다. 만약 농구에서 일인자가 누구냐고 묻는다면 모두가 마이클 조든Michael Jordan이라고 말할 것이다. 그러나 다음과 같은 문제에 대해 깊이 생각하는 사람은 거의 없다. 능력만 놓고 본다면 1위가 10위보다 수십 배 강한가? 아니다. 조든의 재능은 결코 다른 우수한 선수보다 수십 배 강하지 않다. 단지 그의 수입이 다른 우수한 선수의 수십 배일 뿐이다.

저명한 기업 컨설턴트 회사에서 고문을 맡은 교수는 회사에서 다른 한 동료보다 직급이 더 높다. 그리고 보수는 동료의 열 배이다. 교수는 "내가 정말로 그보다 열 배의 능력이 있단 말인가? 당연히 아니다. 이것이 바로 승자 독식의 잔혹한 현실이다"라고 솔직하게 말했다.

우리는 승자 독식의 현상을 어떻게 보아야 마땅한가?

현실은 잔혹하며 공평公平의 원칙을 따르지 않는다. 생활에 희

망을 지닌 사람, 사업에서 성공하려는 사람은 세상에 대해 원망만
해서는 안 된다. 마땅히 승자 독식의 현실을 직시하고, 자신의 심
리적 견지見地 능력을 높이고, 서둘러 최대한 경쟁력을 갖추어야
한다.

마태효과가 가장 총애하는 사람은 따로 있다

남들보다 우위에 서 있는 거물급이나 유명인사, 연예계 스타의
소득은 보통 사람보다 훨씬 높으니 그들이야말로 마태효과가 가
장 총애하는 사람들인 듯하다. 왜 최고의 인물이 최고의 보수를
받는 현상이 생기는가? 가장 설득력 있는 해석은 다음 두 가지로
볼 수 있다.

첫째, 끊임없이 발전하는 미디어의 기술은 슈퍼스타와 정상급
인물을 동시다발적으로 많은 사람의 눈에 나타날 수 있게 하였다.
예를 들어, CD 한 장 더 만들고, 책 한 권 더 찍어낸다고 해서 비용
이 확연히 차이 나는 것은 아니어서, 다수의 고객을 대상으로 노
출의 빈도수를 높일 수 있다.

둘째, 정상급 인물이 높은 보수를 받는 현상이다. 대중에게 정
상급 인물을 만나게 하는 데 드는 광고비는 그보다 아래 등급에
속한 인물과 많은 차이가 나지 않는다. 그럼에도 그들을 찾아 광

고를 찍으려 하는 것은 그보다 아래 등급에 속한 인물이 정상급 인물이 가진 재능과 표현을 대신할 수 없기 때문이다.

청소부의 능력이 보통 사람의 절반뿐이라면 품삯의 절반만큼만 주고 일을 시킬 것이다. 그러나 마이클 잭슨Michael Jackson이나 파바로티Luciano Pavarotti의 절반 정도만 노래를 하는 사람이 있다면 그 누가 절반값을 주면서까지 초빙하겠는가? 절반의 인물밖에 못 되면 사람을 끌어들일 수 있는 흡입력도 그만큼 적은 것이고, 비록 비용이 적게 든다 하더라도 경제적 가치는 정상급보다 훨씬 못한 것이다.

시장 경제는 일종의 주의력 경제이다. 대다수의 사람은 주의력을 최고의 인물에게만 집중한 결과, 단지 몇몇 야구선수, 과학자, 조각가와 정치인의 이름을 알 뿐이다. 또한, 마케팅에 사활을 걸고 있는 기업들에 대해서도 사람들은 단지 한정된 브랜드만을 기억한다. 이러한 승자 독식 현상을 결정하는 것은 결코 우리가 접하고 이해하는 바의 지식이 아니라 주의력이 얼마만큼 차지하는가의 정도이다.

흥미로운 것은 이러한 최고 인물과 그렇지 못한 인물 사이에 현저한 차이의 수익이 나는 상황이 과거에는 존재하지 않았다는 것이다. 예를 들면, 1940, 50년대의 스포츠 선수들은 그리 높은 소득을 올리지 못했다. 뛰어난 정치인이 세상을 떠날 때도 집안은 여전히 가난했다. 과거로 가면 갈수록 승자 독식의 현상은 보기 어려웠다.

17세기의 셰익스피어William Shakespeare와 다빈치Leonardo da Vinci는 동시대의 인물과 비교했을 때 확실히 재능이 뛰어났다. 오늘의 상황에 따르자면 그들은 분명 자신의 재능과 명성으로 대부호가 될 수 있었다. 그러나 그들이 받은 대우는 오늘날의 전문직 종사자와 별 차이가 없었다.

재능이 있는 사람이 좋은 대우를 받는 상황은 세월이 흐를수록 점점 더 뚜렷해진다. 오늘날 개인의 능력은 수입과 밀접한 관계가 있다. 이 점에 대해서는 수치로 설명할 수 있다.

1960년대, 영국의 한 신문 사설에는 비틀스The Beatles가 큰 부자가 된 사실을 알려 사회 전반을 놀라게 하였다. 그러나 지금은 조지 마이클George Michael이나 마이클 잭슨이 세계적인 부호 명단에 이름을 올려도 아무도 놀라지 않는다.

이러한 현상을 가져온 주요 요인은 방송, 전자통신, CD와 비디오 등 소비제품의 과학혁명에 따른 것이다. 사업가는 있는 머리를 다 짜내어 어떻게 수익을 많이 낼까 하고 궁리했는데, 어떤 분야의 정상급 인물을 만남으로써 가능하게 되었다. 정상급 인물을 찾는 데는 분명 많은 돈이 들지만, 이 돈을 개개의 고객에게 나누면 한 개인의 부담은 실로 작게 느껴진다.

무슨 업종이든 돈 문제를 떠나 업적과 명성은 늘 극소수에 집중되어 있음을 알 수 있다. 과거에는 계급과 전파 방식의 제약으로 셰익스피어와 다빈치는 결코 부호가 될 수는 없었다. 그렇다고 하여도 그들의 업적은 조금도 손상되지 않았다. 극소수의 위대한 예술가가 비록 부호가 되지 않았다고 하여도 여전히 후세에게 깊은 영향을 미친다.

승자 독식의 법칙은 예술계에만 적용되는 것이 아니다. 공인된 모든 전문 영역에서도 최고 인재의 수입은 매우 높다. 1994년 《포브스Forbes》지가 열거한 부호 명단에서 2위를 차지한 제이미 변호사는 그 명성이 누구나 아는 테니스 스타 앤드리 애거시Andre Agassi에 미치지 못하며 한 번도 텔레비전에 등장하지 않았다. 그럼에도, 1994년에만 9천만 달러를 벌었다. 이것은 애거시 수입의 네 배이다.

이 부호 명단에 제이미의 뒤를 차지한 고소득 인물들은 외과 의사, 잘나가는 기업주, 펀드 매니저, 세무사 및 기타 전문직 인사이다. 이러한 전문 영역에서 승자 독식의 행태는 더욱 성행하여 최고 인물과 회사의 수익은 아래 등급의 인물들보다 서너 배 높다.

가령 둘 이상의 경쟁자가 한 회사의 경영권을 다툰다고 할 때, 최고의 회사나 인재를 차지하고자 양쪽은 매우 높은 수익을 올리는 방안을 제시할 것이다. 그리고 회사의 높은 수익을 올리는데 도움이 되는 사람이라면 결국 천정부지의 보수를 받게 된다.

한편, 지금은 고객의 관심이 이미 재산 분배의 중심축이 되었다. 고객은 자신이 가진 주의력으로 대가를 받으며, 사업가는 고객의 주의력을 얻고자 투자를 늘린다. 이미 '콘셉트concept'가 제일인 시대에 진입한 시장의 변화를 깨달은 사람들은 주의력 경제의 발전을 추진할 것이다. IT 기업은 주의력 경제의 각종 특징을 뚜렷하게 드러낸 사례로 꼽을 수 있다.

승자 독식 시대의 불평등

최근 들어 급작스레 많은 사람이 '80/20' 또는 '승자 독식의 사회' 등의 의제가 지닌 '불평등 현상'에 대해 큰 흥미를 보인다. 그들은 80/20 법칙과 마태효과의 몇몇 특색을 가지고 계시록처럼 세인들에게 알리기를, 재산의 차이가 점점 벌어져 사회가 점점 더 불평등하게 된다고 한다. 이러한 마태효과에 기초한 비관적이고 심지어는 숙명론적인 논조에 대해 우리는 다시금 잘 살펴보아야 한다.

스포츠와 엔터테인먼트, 전문직 등의 영역에서 최상급 사람의 보수는 갈수록 높아진다. 그럴수록 다른 사람들과의 격차는 갈수록 커진다. 이러한 상황은 미국에서 가장 뚜렷하지만 거의 전세계가 그렇게 돼가고 있다고 볼 수 있다.

알려진 바에 따르면 상위 10퍼센트 인구의 수입은 급속히 증가하는데 그다음 10퍼센트 인구의 수입은 증가 속도가 훨씬 더디며 심지어는 전혀 변하지 않는다. 1997년에 거행된 댈러스세계경제포럼에서 대부분의 경제학자는 많은 시간을 들여 그런 추세가 지니는 의미에 대해 생각하였다. 그 가운데 한 보고서는 다음과 같이 언급하였다.

> ✔ 미래의 미국에서는 20퍼센트의 고등교육을 받은 전문직 인재는 1년에 7만 5천 달러에서 5십만 달러를 벌 것이고, 그 나머지 80퍼센트의 사람은 계속해서 자신의 일에 매달린 채로 매년 생활의 질이 떨어지는 것을 보게 될 것이다.

독일의 베스트셀러인 《세계화의 덫Die Globalisierungsfalle》과 《방임식 관리》에서는 각각 다음과 같은 논조를 제시했다.

> ✔ 불균형의 상황이 전면적으로 만연한 후에는 '80/20과 승자독식의 사회'가 올 것이며 단지 행운의 20퍼센트만이 주인공이 된다. 세계경제로 말하면 대규모의 실업이 생기며 겨우 5분의 1의 사람만이 생산의 수요를 만족시킬 수 있을 것

이다.

✔ 포스트 관리 시대의 회사가 필요로 한 인력은 비교적 적다.
왜냐하면 그때에는 관리계층과 사무직, 기타 영업직이 10
년간의 감원정책을 통해 50퍼센트로 줄 것이기 때문이다.
만약 모든 국가의 개인 기업이 모두 포스트 관리 시대의 회
사로 변한다면 고용 인원의 수는 15~20퍼센트 감소할 것
이다. 미국의 실업률은 현재의 6퍼센트 미만에서 25퍼센트
내외로 늘 것이며, 더 중요한 것은 관리계층의 실업이다.

이렇듯 80/20 법칙 혹은 승자 독식의 현상에서 야기된 논쟁, 그
리고 '도래하는 암흑'의 미래에 대한 언급에 대해 우리는 어떻게
이해해야 할 것인가?

파레토의 관찰에서 보듯이 모든 사회는 불평등 현상이 존재했
다. 20세기에 들어서 겨우 세제稅制와 복지를 통하여 불평등을 타
파하기를 희망하였지만, 세계 시장이 19세기에 지녔던 권력을 다
시 정리하였을 때 불평등 현상이 되돌아왔다. 세계 시장의 권력은
더욱 커지고 불평등은 더욱 심화하였다. 이것은 기업의 생산능력
이 커질수록 필요한 직원은 더욱 줄어드는 결과를 가져왔다.

결국, 자유경쟁 아래의 세계 시장은 두 가지 중대하고도 상호
관련된 문제를 가져왔는데, 첫째는 대량 실업인구의 등장으로 그

중에는 평소 보호받던 중산층을 포함하고 있다. 둘째는 더욱 심각한 사회적 불평등으로 상위 20퍼센트와 하위 80퍼센트로 나뉜다는 것이다.

앞에서 언급한 숙명론자들은 비관주의와 낙관주의 두 진영으로 나뉜다. 비관주의자들은 불평등은 막을 수 없는 추세로서 어쩔 수 없다고 여긴다. 그러나 낙관주의의 태도를 지닌 이들이 비교적 수가 많은데, 그들은 어떠한 조치를 통해 80/20 모델을 반드시 타파해야 한다고 주장한다. 그 가운데 가장 완전한 논점은 《세계화의 덫》에서도 보인다. 그들은 또 다음과 같이 말한다.

✔ 세계화는 운명적으로 정해진 것이 아니다. 반드시 그 맹목적인 발전을 정지시켜야 한다.

우리는 이러한 관점을 어떻게 이해해야 하는가?

소수의 전문가는 다른 각도에서 비관주의자와 낙관주의자의 결론이 모두 틀렸다고 한다. 확실히 그들의 적지 않은 분석은 정확하며 숙고할 가치가 있으나, 그들이(직접적 또는 간접적으로) 80/20 법칙을 언급할 때는 표면적으로만 이해하고 분석했다는 점이다. 만약 그들이 정말로 80/20 법칙과 승자 독식의 현상에 대해 정확하게 이해한다면 사회는 결국 진보의 방향으로 나아가게 될 것이다. 더불어 기업이 어떤 방식으로 관리되고 운영하는지 안다면 국제경쟁에 직면해서 한편으로는 최고 품질의 상품을 생산하면서 한편으로는 원가를 줄여야 할 때, 할 수 없이 관리계층의 대량 실업은 피할 수 없는 일이라는 점을 이해하게 될 것이다.

그러나 역사적으로 볼 때 번영은 지속적이며 주기적이라는 것을 발견할 수 있다. 각가지 새로운 기술이나 발명, 인력 절감의 설계나 생산기술의 개선, 그리고 운송이나 서비스 원가의 절감 방법이 모든 국가와 지역의 생활수준을 한걸음 향상시켰을 뿐만 아니라 동시에 상대적으로 높은 취업률도 불러왔다.

한편, 산업혁명 이래로 체제에 반대하는 사람들이 시대마다 등장했다. 자동화 반대론자, 인구폭발을 예언하는 말세론자, 낭만적 봉건주의자, 파쇼주의자가 그들이다. 그들은 항상 시장 경제의 성장은 한계가 있으며 시장제도는 수요에 적합한 일자리를 제공할 수 없다고 주장했다. 그러나 우리는 인구가 늘고 여성이 노동시장에 진입하는 것과 더불어 소작제의 폐지를 보았으며 또 농업에서 대량의 잉여 노동력을 제공하고 가정에서는 하인을 고용하지 않는 현상을 보았다. 이것들은 기존 체제에서 실업을 일으키는 중요한 요인이었음에도 대량의 실업문제가 나타나지는 않았다. 근래 250년 동안 종말론자들이 매번 이번만은 다르다고 또 이번만은 완전한 근거가 있다고 말해왔으나, 그동안 존재해왔던 종말론이 모두 거짓이었음이 증명되었듯이 말이다.

기술의 발전에 따라 다국적 기업이 대량의 직원을 해고하고도 더 잘 될 수 있으며, 앞으로 10년에서 20년 내에 불가피하게도 관리계층의 실업문제가 나타나리라는 것을 우리는 알고 있다. 그러나 우리는 세계시장의 진보와 번영을 바탕으로 한 복지를 통해 골치 아픈 실업문제에 대해 조절할 수 있으며 또 해결할 수 있을 것이다. 이른바 진보와 번영은 전보다 싼 가격에 물건을 구할 수 있음을 가리키는 것으로, 이러한 진보는 다른 물품과 서비스를 구매할 소비력을 풀어놓을 것이다. 갑작스런 경기 붕괴를 만나지만 않는다면 구매력은 새로운 일거리를 만들게 될 것이고, 새로운 일거리는 큰 회사에만 있지 않고 비교적 작은 회사나 개인 회사에도 존재할 것이다.

사실 부유한 사회에서는 실업 자체는 문제가 아니다. 만약 사회가 부유하다면 취업하고 싶으나 할 일이 없는 사람은 시장 경제 밖에서 시장 가격에 의존하지 않고 일하면서 보수를 받으면 된다. 따라서 우리가 진정으로 이야기해야 할 것은 부의 수준이 날로 높아가는 사회에서 승자 독식의 불평등 현상이 날로 심화하는 문제라고 볼 수 있다. 확실히 부의 재분배가 없는 자유 시장은 부의 불평등을 의미한다. 고도로 자유화한 시장일수록 불평등은 더욱 높아지고 있으며, 빠르게 출현하고 있다.

그러나 부의 분배가 평등하지 않음이 불공평을 의미하는가는 80/20 법칙이 당신에게 답안을 제시할 것이다. 즉, 80퍼센트의 유용하고 가치 있는 상품을 20퍼센트의 인력이 만들었다면 시장에 어떤 규제가 따르지 않는 한, 보수의 분배는 불평등할 수밖에 없다.

그밖에 큰 부와 평등 사이에는 교환 관계가 성립한다. 만약 우리가 최대의 부를 선택한다면 비교적 심각한 불평등과 맞닥뜨리게 된다. 따라서 불평등의 문제를 해결하는 제일 나은 방법은 시장과 가치의 창조를 억제하기보다는 사회의 모든 구성원으로 하여금 보편적이고 평등한 참여기회를 얻게 해야 한다. 이 점을 우리는 아직 진정으로 시도하지 않았으나 두 가지 방향에서 시작할 수 있겠다.

첫째, 모두가 자본가와 사업가가 되게 하여(각자의 생산력이 가장 크게 발휘할 수 있는 곳에 자원을 사용) 시장 경제에 진입하도록 한다.

둘째, 사회의 모든 사람 특히 사회 밑바닥에서 살아가는 사람들이 자기의 재능을 잘 운용할 수 있으며 또 어떻게 운용하는지 알도록 한다.

시장 경제에서 불평등이 발생하는 까닭은 승패가 있어서가 아니라 모든 사람이 시장에 참여하지 않기 때문이다. 시장 밖으로 배제되거나 혹은 참여 정도가 제한적인 이들이 자연스럽게 도태한 것이다. 자본주의 경제체제에 참여하려면 반드시 약간의 자산을 출발점으로 삼아야 하며 또 더 많은 보답을 받을 수 있다는 전망을 참여의 유인책으로 삼아야 한다.

어떤 방법은 각 개인 모두에 속한 자본주의를 만들어낼 수 있다. 회사의 토지와 건물을 팔고, 국영 기업을 민영화하고 난 후에 (어떠한 정부도 여분의 산업을 가지고 있다) 기금을 세워 그것을 사회 전체 구성원에게 공유시키고 특정 용도(교육, 보험구매, 노후자금 지급 혹은 창업 등)로만 사용하게 하는 것이다. 무엇보다 중요한 것은 이 기금으로 제공하는 교육은 반드시 구성원으로 하여금 자기 자신의 영역을 선택하여 시장에 진입하여 살아갈 수 있는 능력을 기를 수 있도록 해야 한다.

시장체제 운용의 방식이 우리에게 번영을 가져다줌과 동시에 실업문제 혹은 심각한 사회의 불평등을 조성하지 않게 하는 것에 대하여 우리는 충분히 자신이 있다. 80/20 법칙에서 알 수 있듯이 사람들은 자원 즉, 시간, 돈, 열정, 개인적 노력, 지력智力 등과 같은 것의 운용에 대해 매우 서투르다. 그러나 이러한 결점을 깨닫는 즉시 대다수 사람보다 더 좋은 소수의 자원을 발견하고 운용함으로써 훌륭하게 대처할 수 있다.

시장은 저효율의 자원을 자극하여 고효율의 자원으로 바꿀 힘이 있다. 다만, 시장 자체만으로 이 변화를 이룰 수는 없기에 지식과 과학기술 및 창업정신을 빌어 변화를 촉진할 필요가 있다.

오늘날 우리는 기술의 비약적 발전으로 생활 소비품의 품질이 날로 개선되고 상품이 다양화하는 것을 보게 하는데, 그 발전 속도는 이전 몇 세대 사람들은 감히 상상할 수 없었던 정도이다. 우리는 또 새로운 정보 상품이 가정과 사무실의 모습을 함께 변화시켜 양쪽의 차이를 모호하게 하는 것을 볼 수 있었다.

우리는 마땅히 충만한 자신감을 느껴야 한다. 미래의 기술은 조절될 것이며, 회사의 고급 관리자들도 80/20 법칙과 마태효과에 따라 고객과 투자자에게 더욱 효율적인 서비스를 제공할 것이다. 나아가 어떤 기업들은 지속적으로 성장하여 오늘의 기업이 이루지 못한 더욱 위대한 성공을 우리에게 안겨줄 것이다.

대규모의 힘

왜 마태효과라는 기이한 사회 현상이 발생하는가? 이론적으로는 각가지 해석이 뒤따른다. 그중에 규모 효과의 해석이 대다수의 동의를 얻고 있다.

자연계에서는 늘 덩치가 큰 짐승이 수시로 다른 생물에 위협을 가하지만 정작 자신이 위험에 처하는 경우는 드물다. 그들은 같은 무리 간의 싸움을 통해 또는 자연적으로 노쇠하여 죽을 수는 있어도 약자에게 쓰러지는 일은 거의 없다.

마찬가지로 경제 영역에서 마이크로소프트사와 같은 초대형 회사는 비록 동종업자가 뼈에 사무치게 원한을 품고 비난여론을 조성하여 사라지기를 바라지만, 여전히 지위는 변함이 없고 반석같이 견고하다.

"가장 좋은 시장은 마이크로소프트사가 없는 시장이다. 그러나 그게 어디 말처럼 쉬운가?"

마이크로소프트의 경쟁자가 한 말처럼 이들이 일으킨 풍파는 전세계의 주목을 받으며 여러 해 동안 소송 중이나 아직도 여전히 결론이 나지 않았거나 심지어 결과 없이 끝났다고도 할 수 있다.

자연계의 덩치 큰 짐승이나 경제 영역의 공룡을 막론하고 그들의 공통된 특징 하나는 부피가 크고 규모가 크다는 것이다. 큰 규모는 시장 경제에서 가장 매력적으로 다가오는 부분이다.

먼저 대규모 투자만이 대규모 생산을 부추기며 거액의 이윤을 얻을 수 있다. 포드는 일관작업으로 생산규모를 높여 최고의 자동차 회사가 되었다. 통상적으로 규모는 두 부분으로 나눈다. 하나는 투자 규모이며 다른 하나는 생산 규모이다. 이른바 투자 규모는 자원의 투입 규모로서 돈, 기술, 시간, 인원 등을 포괄한다. 투자 규모는 생산 규모를 결정하며, 생산 규모는 직접적으로 기업의 이윤 수준을 결정한다.

또 대규모화는 생산 원가를 낮출 수 있다. 우리는 많은 유명 브랜드의 상품이 품질도 좋고 포장도 뛰어나며 여러 매체에서 광고하는 것을 보면서 그 상품의 연구와 제조 원가가 분명 높으리라고 생각한다. 그러나 실제로 그 원가가 다른 유사한 상품보다 결코 높지 않은 이유는 대규모화의 힘 때문이다. 생산 규모가 크기 때문에 연구, 원료, 생산, 유통과 광고 등의 부분에서 원가가 줄어든다. 설령 상품의 총 원가가 높아진다고 해도 단위 상품의 원가는 끊임없이 내려가며 기업의 수익 공간은 더 확대된다.

더불어 생산자에 대해 말하자면 '신경제'에서 신경제 유형의 상품은 대가 누진累進의 성질을 지닌다. 이는 다음의 두 가지에서 나타난다.

첫째, 생산자가 지식과 기술을 직접 생산과정에 투입할 때 투입량이 많을수록 늘어난 투입량에 따른 생산자에게 주는 대가는 더욱 높아진다. 극단적인 예를 들면 다음과 같다. 소프트웨어의 개발 과정에서 어떤 대형 소프트웨어의 개발이 성공하기 이전의 모든 투자는 경제학에서 말하는 '침몰원가'가 되며 어떠한 수익도 주지 못한다. 그러나 소프트웨어 개발에 막 성공하려는 마지막 단위의 요소 투입은 그 생산과정이 생산자에게 가져다주는 모든 대가를 결정짓는다.

둘째, 생산자가 사회에 제공하는 신상품과 서비스가 끊임없이 증가함에 따라 그 대가도 끊임없이 증가한다. 한 예로 인터넷 접속서비스를 제공하는 회사의 서비스를 쓰는 사람이 많을수록 소프트웨어 상품 사용자의 수도 많아지게 된다. 그리고 고객의 사이트에 대한 긍정적인 평가가 높아질수록 더 높은 가격이라도 서비스를 구매하기 원하게 되고, 자연적으로 주변 수입도 끊임없이 증가하게 된다. 또한, 이러한 수입은 상품과 서비스의 사용자 수가 계속해서 안정적인 증가 추세를 보인다.

그리하여 많은 사람은 단지 운영 시스템의 개선만을 위해 마이크로소프트사에 계속하여 더 많은 돈을 보내야 하는 결과를 가져온다. 한편, 고객에 대해 말하자면 '신경제'는 고객에게 주변 효과의 누진을 가져온다. 일정한 한도 안에서 소비하는 유명 브랜드가 많을수록 고객에게 주는 심리적 만족도가 더 높아지는 것과 같다. 또 인터넷 접속의 예에서 보듯이 IT 업계 내부 조사에 따르면 접속자의 평균 접속시간은 결국 점점 길어지는 추세에 있다고 한다. 이는 접속자가 제공된 서비스를 소비하는 과정에서 얻는 만족도도 갈수록 높아진다는 것을 증명한다.

전통적인 방식의 경제에서 대규모화의 강점은 이미 드러났다. 그러나 정보 시대의 정보화 상품은 대규모의 강점을 더욱 뚜렷하게 만들었다. 일단 정보 상품이 일정한 규모를 형성한 후에는 후발 주자가 같은 시장에 들어오려고 해도 장벽의 형성이 더욱 공고해져 어려움이 심해진다. 최초의 정보 상품 개발의 고정 원가는 매우 높으며 그 대부분이 침몰원가이다. 그래서 후발 주자로 시장에 진입하는 기업은 커다란 모험에 부닥치게 되며, 잘못하면 이전의 투자를 만회할 수 없을 뿐만 아니라 생존해나가기도 매우 어렵다.

대다수의 고급기술상품 즉, 컴퓨터의 하드웨어와 소프트웨어, 의약품, 항공, 전기통신기기, 생명공학 및 유전공학 등의 상품은 모두 그 연구비용이 아주 높다. 그러나 일단 개발에 성공하면 대량생산 때 주변 원가는 매우 낮으며 심지어 거의 없기까지 하다. 이런 상품에 사용하는 원료는 매우 적기 때문으로 환약이나 컴퓨터 소프트웨어 같은 것이 그렇다. 회사는 이런 종류의 상품 개발에 성공한 후에는 매우 적은 원가로도 상품을 신속히 세계 각지에 퍼뜨려 시장을 점령할 수 있다. 시간이 흐를수록 단위당 원가가 급속히 내려가므로 일단 큰 폭으로 생산량을 증가시키며 판매량이 늘어날수록 수익도 커진다. 이는 지식 활동의 특성과 관계가 매우 깊은 것으로, 지식 생산의 결과는 복제하기 쉽다. 예를 들어, 책을 쉽게 복제하듯이 마이크로소프트사가 만든 소프트웨어를 실제 발송할 때 그 복제 원가는 매우 낮아진다. 따라서 이런 상황 아래에서 가장 중요한 것은 시장 점유율이다. 시장 점유율이 증가하면 생산 능력을 보충한다. 한 예로 오디오 회사는 초마다 기기의 감가상각과 이자비용을 계산한다.

지식 경제의 또 다른 특징은 복제 비용이 낮다는 것이다. 이 특징이 가져오는 것은 사실 승자 독식으로, 이러한 경향은 점점 심해진다. 인터넷이 자유롭게 개방된 이후에 정보의 교류는 매우 높다. 예를 들어, 랩톱lap-top PC의 가격이 얼마인지 알려면 이전에는 곳곳에 물어야 하는 불편이 있었으나 지금은 인터넷상에서 한 차례 둘러보면 가격 정보를 모두 얻을 수 있다. 그러므로 모든 이의 정보는 쉽게 공유되고 소유하게 된다.

대규모화의 강점은 치열한 경쟁을 불러일으키고, 시장 경쟁의 결과는 강자는 더욱 강해지고 약자는 더욱 약해져서 심지어 생존의 공간마저 없게 된다는 것이다. 정보 시대의 경쟁 과정에서 새로 진입한 경쟁 대상에 대한 정책은 상품가격을 0에 가까이 낮출 수도 있다. 0에 가깝지만 0보다 큰 단가와 무한대인 정보 생산이 곱해지면 수익은 여전히 무한대로 유지된다. 그래서 이미 시장을 점유한 기존의 기업은 가격 하락을 걱정하지 않으며, 심지어 무료화 정책을 사용하기도 한다. 마이크로소프트사의 웹 브라우저 무료 제공이 해당하겠다.

시장 경쟁의 최종 결과는 기존 기업이 시장에 새로 진입하려는 기업을 쫓아내는 것이 된다. 그리하여 성공한 기업의 규모는 갈수록 커져서 끝내는 사실상 '독점'을 이루는 대기업을 형성하기에 이른다. 이 역시 마태효과가 실현되는 주요원인이다.

몇 번의 작은 승리가 한 번의 큰 승리보다 못 하다

유럽과 아프리카에 둘러싸인 지중해 지역에 아름다운 섬이 바로 시칠리아이다. 2천 2백여 년 전, 이 섬에 시라쿠사라는 도시국가가 있었다.

하루는 이 도시국가의 한 중년 남자가 국왕에게 자신이 연구한 지렛대 원리를 설명하였는데, 그가 바로 유명한 수학자 아르키메데스Archimedes이다.

"제게 지렛대를 주신다면 지구를 들어올릴 수 있습니다."

왕이 듣고 크게 웃어댔다.

"그대가 내 친척이기는 하지만 실속 없는 허튼소리는 필요 없네. 실제로 보여줄 수 있겠는가?"

"친애하는 국왕폐하, 방금 저는 예를 든 것입니다. 그런 지렛대는 없습니다." 아르키메데스는 말했다. "제 말은 적은 힘으로도 도구와 기계의 힘을 빌려 무거운 물체를 움직일 수 있다는 뜻입니다."

"좋다. 그러면 한 번 보여주게." 국왕은 창 밖 해변에 있는 금방 건조한 큰 선박을 가리키며 말했다. "무슨 도구와 기계든지 마음대로 사용하게나. 다만, 그대 혼자 저 선박을 입수시키게."

며칠 후에 아르키메데스는 다시 왕궁에 와서 국왕을 큰 선박 옆으로 모셨다. 그러고는 노끈을 국왕에게 건네며 말했다.

"존경하는 국왕폐하, 이 노끈을 잡아끌어 보십시오."

국왕은 아르키메데스를 미심쩍게 보면서 그 끈을 당겼다. 그러자 신기한 일이 벌어졌다. 그 큰 선박이 천천히 바다를 향해 움직이는 것이었다. 주변 사람들은 모두 환호성을 질렀다. 사람들의 환호성 속에서 선박은 안전하게 바다로 미끄러져 들어갔다. 전에는 백 명에 가까운 사람들이 비로소 움직일 수 있었던 큰 선박을 지금 국왕 혼자서 움직인 것이었다.

실제로 아르키메데스가 사용한 것은 지렛대 원리이다. 그는 지렛대와 도르래 시스템을 설계하여 큰 배를 움직인 것이다.

지렛대 원리처럼 신기한 것이 톱니바퀴 효과이다. 시계를 열어 보면 한 무더기의 톱니바퀴가 서로 맞물려 있는 것을 볼 수 있다. 작은 톱니바퀴는 큰 톱니바퀴를 물고 큰 톱니바퀴는 더 큰 톱니바퀴를 물고 초, 분, 시의 상호 연계를 이루고 있다.

시계는 인류의 가장 정밀한 발명의 하나라고 할 만하다. 우리는 감탄하면서 한 가지 현상을 발견하게 된다. 큰 톱니바퀴가 한 바퀴 돌 때 작은 톱니바퀴는 여러 바퀴를 돌아야 한다. 시침이 한 바퀴 돌 때 분침은 예순 바퀴를 돌아야 하며, 분침이 한 바퀴 돌 때 초침은 예순 바퀴를 돌아야 한다.

톱니바퀴 효과는 사회 생활에서도 충분히 나타난다. 큰 사람의 한걸음은 어린아이 두 걸음 심지어는 세 걸음에 해당한다. 큰 기업은 발전하지 않으면 그만이지만 한 번 발전했다 하면 작은 기업을 아득히 뒤로 밀어내버린다. 총량에서 차이가 나는 까닭에 선진국의 2퍼센트 증가는 경제후진국의 수십 퍼센트 증가와 같다.

한걸음 앞서면 줄곧 앞선다

'한걸음 앞서면 줄곧 앞선다' 라는 말은 마태효과의 또 다른 해석이다. 약간 다른 점은 있지만 막 시작했을 때에는 별 차이가 없다가 마지막에는 천양지차를 가져온다는 것으로, 이 이론은 80/20 법칙과 꼭 맞아떨어진다.

다만, 80/20 법칙에는 제약이 하나 있으니, 어떤 한 시점의 실제 상황에서 나타난다는 것이다. 혼돈 이론chaos theory에서 말하는 '처음의 조건에 민감하다' 라는 점이 이해에 도움을 줄 수 있다.

시작할 때에 조금 앞선 것이 양자 사이의 커다란 차이로 변하여 승자가 급속히 우세한 위치에 이른다. 그 후에 균형이 다시 무너지면 또 다른 힘이 나타나 커다란 영향력을 발휘한다. 만약 처음 51퍼센트의 운전사가 좌측통행을 하고 우측통행을 하지 않았다면 아마도 좌측통행의 교통 규칙이 형성되었을 것이다. 만약 초기 시계의 51퍼센트가 오늘날의 시침 역방향으로 돌았다면 시침이 역방향으로 움직이는 것도 논리에 맞게 되었을 것이다. 사실 플로렌스 성당의 시계는 역방향으로 돌았었다. 다만, 1442년 성당이 완공되었을 때 통치자와 시계 기술자가 지금의 시침 방향으로 도는 시계를 표준으로 삼았다. 당시 대다수의 시계는 이미 지금의 방향처럼 돌고 있었기 때문이다.

그러나 만약 51퍼센트의 시계가 모두 플로렌스 성당의 시계와 같았었다면 우리가 사용하는 시계는 아마 지금의 시계와 다른 방향으로 돌고 있었을 것이다. 그렇듯이 만약 시장 초기에 상대보다 10퍼센트 우수한 상품을 제공할 수 있다면 80퍼센트의 시장을 확보할 수 있다.

물론 이러한 초기 상황에 대한 관찰만으로 마태효과와 80/20 법칙의 내용을 완전히 설명할 수는 없다. 그런 예는 모두 시간에 따라 변화할 수 있지만 80/20 법칙 혹은 마태효과는 일정한 시점에서 발생한 원인에 대한 정태적 분석情態的分析이기 때문이다.

앞의 예에서 볼 수 있는 것은 50분의 50의 분할 구도를 벗어나, 5분의 95 또는 1분의 99 심지어 0분의 100의 분할 구도로 자연스럽게 바뀐다는 것이다. 균형을 유지하다가 어느 한 지점에서 우세함이 출현할 때까지는 혼돈 이론이 이를 뒷받침해주고 있다.

마태효과의 중점사항은 비록 혼돈 이론과 다르지만 양자는 상호보완적이다. 그것이 우리에게 일러주는 것은 어떤 시점에서 다수를 점하는 현상이 언제나 소수의 요인 혹은 역할의 영향을 받는다는 것으로, 80퍼센트의 결과는 20퍼센트의 원인에서 오게 된다.

시장 경쟁에서 자금, 권력, 능력과 사회적 관계 등 자원이 우월한 강자는 우세가 누적된 유리한 지위에 처한다. 일단 한걸음 앞서면 내내 앞서게 된다. 반대로 자금, 권력, 능력과 사회적 관계 등에서의 약자는 자신의 처지를 변화시킬 기회가 매우 적으며, 한걸음 뒤진 것으로 말미암아 내내 뒤처지게 된다.

승자 독식의 관건은 가장 먼저 진입하는 것에 있다. 기업으로 말하면 시장 점령의 관건은 기회의 발견과 장악에 있다. 정보로 대표되는 경제 환경 속에서 기회는 기업의 발전에 특히 중요하다. 기회의 선점은 절반의 성공이라 할 수 있다.

시장 경쟁 초기의 고객 개발 원가는 상대적으로 저렴하지만 경쟁의 심화에 따라 후발 주자가 새로운 고객을 확보하는 데에 드는 원가는 매우 높아진다. 그것은 경쟁 상대로부터 고객을 빼앗기가 매우 어렵기 때문이다. 따라서 선행자는 남들보다 앞선 선행의 강점을 지닌 것이다.

남이 머뭇거릴 때 뛰기 시작해야 하고, 남이 뛰기 시작할 때 가속도를 높여야 한다. 사회 현실은 한걸음 앞서면 내내 앞서며, 한걸음 뒤처지면 내내 뒤처진다는 것을 우리에게 일러준다.

자원은 많을수록 좋다

마태효과 형성의 원인에 관한 각종 분석에서 두드러지는 단어 하나가 있는데, 그것은 바로 자원이다. 자원은 마태효과 형성에서 핵심이며 마태효과를 발동하는 내부 동력이다.

간단히 말해서 자원은 어떤 일을 하고자 할 때 반드시 갖춰져야 하는 기본 조건으로 당신이 지닌 것과 통제할 수 있는 것을 포괄한다. 대부분의 자원은 물질 형태로 표현된다. 돈, 설비 및 당신이 지닌 눈에 보이는 모든 재산이 그것이다. 그러나 어떤 자원은 무형 자산으로 창의력, 이념, 지식, 기능 및 기타 소질 같은 것이 그것이다. 또한, 어떤 자원은 위의 양자 중간에 속하는데 대인 관계 또는 어떤 방면의 자격 혹은 특수한 기회 등이다.

중국에 다음과 같은 오래된 말이 있다.

'재물이 많으면 장사를 잘하고, 소매가 길면 춤을 잘 춘다.'

지닌 자원이 많으면 많을수록 성공해서 승자가 될 가능성이 커진다. 도박장에서 본전이 많을수록 따는 돈이 많을 수 있다. 가령 이윤율이 같다고 할 때, 투자액이 남보다 열 배이면 얻는 이윤은 열 배를 넘을 수 있다. 하물며 더 많은 자원을 가지고 원가를 낮추고 이윤율을 높일 수 있다면 경쟁에서 더 많은 우세를 차지할 것이다.

풍부한 자원의 소유는 위험에 대한 강한 저항력을 가졌음을 의

미한다. 경쟁이 날로 격렬해지는 시장 경제에서 불경기는 피치 못

할 일이다. 이런 상황을 당하면 상대적으로 자원이 부족한 중소기

업은 단지 파산이라는 선고를 받을 수밖에 없다. 그러나 대기업은

더 많은 융통성의 여지를 가진다. 그들은 지출을 줄이고 직원을

정리하는 등의 조치를 통해 '추운 겨울' 을 견뎌낼 수 있다.

　자원이 더 많다는 것은 사업상 담판을 지을 시기가 올 경우에

우세한 지위에 있음을 의미하기도 한다. 예를 들어, 협력업자와

거래 계약을 맺을 때 자금이 풍부하고 판로가 풍부한 판매상은 실

력을 믿고 납품가를 내려 원가를 절감할 수 있다. 이는 경쟁에서

우위를 강화하는 것임에는 의심의 여지가 없다.

　자원이 풍부하다는 것은 동시에 더 많은 잠재력을 지녔음을 의

미하기도 한다. 마이크로소프트사는 매년 30억 달러를 들여 소프

트웨어 연구 개발에 사용한다. 이는 성능이 더 우수한 상품의 개

발을 가능하게 하며 경쟁자를 근심거리 밖으로 멀리 밀어낼 수 있

게 한다.

　승자 독식의 개념은 실제로는 우위를 점한 사람이나 조직이 자

기의 자원에 의지하여 상대를 격퇴하고 더 많은 자원을 얻는다는

것이다. 이는 끊임없이 발전하는 '눈덩이' 과정이다. 한번 이기면

강해지며, 이는 계속 이길 수 있으며 또 끊임없이 발전하고 강대

해질 수 있음을 뜻한다.

자신의 개인 재산과 마찬가지로 자원은 사업 발전에 사용할 수 있으며 또 다른 사람의 자원과 바꾸는 데에 사용할 수도 있다. 잡지 출판을 예로 들면, 한 잡지에 실린 광고로 그 잡지가 성공한 잡지인지 아닌지를 알 수 있다. 우리가 서점에서 보는 인쇄가 깔끔하고 가격이 높으며 발행부수가 많은 잡지의 광고는 국제적으로 또는 국내에서 유명한 브랜드의 상품 광고이며, 그것들은 창의성이나 품질을 막론하고 모두 뛰어났다고 할 수 있다. 우수한 품질의 디자인과 우수한 브랜드 광고는 큰 광고 효과를 얻을 수 있으며, 나아가 잡지의 질을 높이게 된다. 이것을 마태효과의 선순환이라 한다. 이상의 내용을 총괄하면 우리는 다음과 같은 원칙을 얻어낼 수 있다.

✔ 세상에 공짜는 없다. 무엇인가를 얻고 싶으면 당신이 가진 것과 교환해야 한다.

✔ 어떠한 자원도−돈, 기능, 지식 또는 다른 방면의 강점을 막론하고−모두 당신의 사업이 성공할 수 있는 자본이 될 수 있다.

✔ 당신이 얻은 것은 언제나 당신이 내놓은 것과 같다. 이것은 가장 기본적인 교환의 원칙이다.

✔ 어떠한 일도 상호 관련이 있다. 마태효과가 성립하는 것은

그 연동성 때문이며, 각각의 일은 다른 일에 영향을 미칠 수 있다.

　사업에서 자원 교환의 원칙은 누구나 공인하는 것이다. 다만, 사람들은 흔히 대인 관계의 과정에서 이 점을 소홀히 하기 쉽다. 표면적으로 볼 때 교환이라는 단어는 지나치게 상업화하여 친근하지 않는 듯하나 현실의 우리는 그것을 회피할 수 없다. 중요한 점은 대인 관계에서의 교환 과정이 상업적인 교환과는 달라서 돈이 유일한 기준이 아니라는 점이다. 만약 어느 누가 '자원이 부족하다' 라고 말할 때는 자금이 부족하다는 의미는 아니다(비록 밀접한 관계가 있기는 해도). 돈 이외에도 한 사람의 사회 자원은 많다. 예를 들면, 시간과 기능, 진취성, 개인 소질, 대인 관계, 신체적 건강 등이 모두 성공하고자 의존해야 할 자원일 수 있다.

　주의를 요하는 것은 단지 이것들이 있다고 해서 자원을 가졌다고 말할 수 없으며, 그것들을 인식하고 또 충분히 이용해야만 비로소 당신에게 도움이 될 수 있다는 점이다. 또한, 자원을 이용하여 다른 사람에게서 당신이 필요한 것을(돈, 성과, 추종 등) 얻으려면, 반드시 그 '자원' 의 가치를 다른 사람으로 하여금 인정하게끔 만들어야 한다.

　마태효과의 중요한 비밀은 자원을 얼마나 점유하고 있느냐에 있다. 자원이 많을 때는 마태효과가 당신에게 도움을 주지만, 만약 자원이 적다면 이 법칙에 의해 지배당하는 것을 피할 수 없다. 그러나 이 법칙 앞에서 마냥 손을 놓고 있자는 것만은 아니다. 당신은 노력과 효과적인 방법을 통해 자원을 급속히 증가할 때 최후의 승자가 될 수 있을 것이다.

집중화가 곧 경쟁력

우리는 경제 생활에서 다음과 같은 현상을 자주 발견한다. 수익이 높고 자금이 풍부한 회사일수록 은행은 더욱더 그들에게 자금을 빌려주려고 하며, 수익이 떨어지고 자금이 급히 필요한 회사에는 은행이 계속하여 대출하지 않을 뿐 아니라 기존의 대출금마저 회수하여 위험 발생을 피하려고 한다. 이것이 금융 영역에서의 마태효과이다.

자금 유동의 마태효과는 기업의 경우만이 아니라 지역 간에도 매우 뚜렷하다. 선진국의 경제발전 수준이 높을수록 경제 운용의 배분에서의 자원 투입과 메커니즘은 매우 합리적으로 사용된다. 그리하여 누적 효과와 선행의 강세를 이뤄내고 이러한 강세는 결국 국가 간, 지역 간 경제적 차이를 더욱 확대하고 자금의 집중 효과를 형성한다. 그렇다면 자금의 집중 효과는 왜 일어나는가?

그 원인은 선진국의 금융 시장 및 금융 도구의 다양화가 매우 빨리 발전하여 그것이 자금의 지역 한계를 초월한 유통의 길을 열어 놓았기 때문이다. 강력한 이익 추구로 말미암아 뮈르달Karl Gunnar Myrdal의 '회랑 효과gallery effect'가 생겨나 대량의 자금이 선진국과 선진 지역으로 흘러 그들 지역의 투자 활동을 급속히 활발하게 만든 것이다. 그리고 일부 낙후된 국가의 자금은 횡적 투자와 주식 교역 등의 여러 형식을 통해 선진국으로 흘러들어가 자금이 부족한 국가와 지역의 발전을 더욱 어렵게 만들고 있다.

기업도 이와 다르지 않다. 회사의 우월한 대우와 좋은 기업 문화 및 비전 있는 장래 등은 인재를 끌어들이는 중요한 요소이다. 만약 회사가 그런 상황이라면 인재들이 자연스럽게 몰릴 것이다. 그리고 수익이 떨어지고 비전이 없는 회사는 인재가 빠져나가는 것을 그냥 쳐다볼 수밖에 없다. 그와 더불어 인재의 결핍은 회사의 존속을 어렵게 한다.

도시 건설에서도 이러한 집중 현상은 더욱 뚜렷하다. 인구의 집중적인 거주 현상은 도시화가 되는 과정에 유리하고, 도시의 규모 효과와 규모의 확산 효과를 충분히 발휘하기에 유리하며, 시장 경제의 합리적인 자원 배치와 경제의 신속하고 지속적인 발전에 유리하다. 그렇게 되면 지역에서 앞선 생산 요소를 흡수하여 자신의 경제 확장과 산업 구조의 향상을 실현할 수 있을 뿐만 아니라 확산 효과를 통해 주변 지역보다 기술, 자금, 정보를 전파하여 중심 지역으로서 경제 발전을 가져올 수 있다.

경제학자들은 각종 산업이 모여 이룬 산업군 조직이 한 도시의 창의적 요소의 집중과 경쟁력 확대를 가져올 것이라고 여긴다. 미국의 저명한 학자 포터Michael E. Porter는 산업의 지리적인 집중은 산업의 발전에 광범위하고 긍정적인 영향을 미치며 나아가 전체 국가 경쟁력에서 강점이 될 수 있다고 말한다.

그렇다면 지역이나 국가에서 산업의 집중이 왜 도시의 강한 경쟁력이 될 수 있는가?

우선 산업 집중은 도시의 자원을 더 잘 정리하여 취합 효과를 낸다. 실리콘밸리에서 고급 과학 기술이 자리를 잡은 이래 그곳의 자원 상황과 경제 기반 및 산업 전통이 시장의 수요와 결합하여 자신만의 특색을 지닌 고급 과학 기술 산업군을 형성하였다. 이러한 지역적 특색의 산업은 경제적으로 고도의 사회 분업과 전문화 협력, 생산원가의 절감, 원활한 시장반응, 대규모 경영 등의 군체群體적인 강점을 발휘시키고, 지역의 전반적인 경쟁력을 높여주었다.

다음으로 산업의 집중은 도시 경쟁력을 강하게 할 수 있다. 그러나 이러한 집중은 아직 직접적인 도시의 경쟁력은 아니다. 산업의 집중은 도시 경쟁력의 필요조건이지 충분조건은 아니다. 똑같이 대량의 첨단 기술 산업이 집중된 두 도시가 판이한 경쟁 결과를 가질 수도 있다. 따라서 산업군의 관건 또는 생명력은 산업의 집중 효과를 내느냐의 여부에 있다. 다시 말하자면 산업 내부와 산업 간은 단순한 공간적 의미의 '구축된 더미'가 아니라 내재한 인재, 자원, 정보, 기술, 시장의 심도 있는 조합으로, 그 안에는 문화적 관념 등의 소프트웨어적 요소까지도 포함하고 있다.

이렇게 다방면의 집중이 결합한 후에야 비로소 산업군의 효과가 나타날 수 있다. 일단 각종의 경제 요소들이 한자리에 집중하면 규모 효과가 나타나며 이어서 마태효과가 생기는 것이다.

잠금 효과

경제 영역에서 마태효과를 형성하는 다른 하나의 주요 요소는 잠금 효과이다.

앞서 발전한 기술은 선행자가 지닌 강점으로 작용하여 단위 원가를 절감할 수 있으며, 동종 업종에서 같은 기술을 택하도록 유도하고 이어서 산업 협조 효과를 낼 수 있다. 한 가지 기술이 해당 업종 안에서 주도권을 잡게 되면 그것이 더 발전하고 표준이 될 것이라고 사람들을 믿게 할 것이며, 스스로 시스템을 강화시키는 선순환을 실현하게 한다.

일단 어떤 상품이 대규모화한 후에는 시장에서 절대적인 강자로 있기 때문에 사람들은 장기간의 사용 과정에서 고정된 소비 습관을 지니게 된다. 따라서 기업은 해당 상품의 특징을 업종 표준으로 만들어 경쟁 상대가 그 상태를 바꾸기 어렵게 한다.

만약 신기술이 어떤 이유로 너무 늦게 시장에 진입하면 충분한 추종자를 얻기 어려우며, 충분한 추종자가 없으면 기술 개발의 원가를 회수할 수 없다. 더 나아가 신기술을 개발할 수 없고, 그로 말미암아 악순환에 빠지고 잠금 상태에 진입한다.

1970년대에 두 가지 다른 방식의 VCR이 등장하였다. BETA와 VHS가 그것이다. 소니사가 생산한 BETA 방식은 기술적으로 VHS보다 많이 앞선 것으로 평가받았다. 그러나 후자의 생산사는 파나소닉사(마쓰시타)로서, VCR의 시장 경쟁이 시작되기 이전부터 소니보다 훨씬 큰 가전시장을 점유하고 있었다. 또한, 소니보다 다른 나라의 수입상 및 텔레비전 생산사와 훨씬 밀접한 동반자 관계를 이루었다. 이러한 시장 분할의 강세에 의존한 파나소닉은 10년 동안 철저하게 상대의 우세한 기술을 격파하여 오늘날에는 BETA 방식의 VCR을 볼 수 없게 되었다.

고급 과학 기술 제품은 잠금 효과의 작용이 가장 뚜렷하다. 각종 고급 과학 기술 제품은 사용 전에 일정한 시간을 들여 그 방법을 배워야 한다. 사용자가 그 시스템을 배운 후에는 다시 시간을 들여 다른 시스템을 배우려고 하지 않는다. 고객이 한 브랜드 기술로부터 다른 브랜드 기술로 바꿀 때에는 반드시 그 전환을 위해 일정한 양의 비용을 들여야 한다. 즉, 전환의 경비가 지나치게 높으면 고객이 바라만 보고 멈추게 되고 잠긴 상태에 처하게 된다. 이 점은 고급 과학 기술 제품이 일단 개발에 성공한 후에는 쉽게 미래의 시장을 장악하며 주변 대가의 누진 효과를 내는 원인이기도 하다.

어느 순간 당신이 반드시 윈도우Windows에서 리눅스LINUX로 바꿔야 한다면, 하는 수 없이 이미 익숙하게 사용하던 각종 소프트웨어를 버리고, 공들여 작성한 각종 자료를 잃어가며 또 계획에도 없는 시간을 들여 리눅스의 사용법을 배워야만 한다. 정보산업 분야에서 새로 등장한 기업이 선행 기업과 경쟁하는 주요 방식은 바로 선행 기업의 잠금에 반대하는 것이다. 정보 상품의 교역 후에는 고객이 회사에 의해 잠기는 현상이 발생한다. 예를 들어, 브라질 정부는 사무용 소프트웨어를 입찰한 결과 마이크로소프트사 계열의 제품이 아닌 것이 낙찰되었다. 그러나 브라질 교육부가 결단코 반대하였다. 그 이유는 그들이 사용하는 교육용 소프트웨어는 모두 마이크로소프트사의 제품이어서 만약 다른 회사의 제품으로 바꾸려면 그 전환의 대가가 너무 크며 거의 불가능하다는 것이었다.

그밖에 속속 등장하는 새로운 제품에 익숙해지려면 그에 따른 학습 원가 비용 역시 점점 더 높아지고 있다. 어떤 사용 시스템에서 다른 시스템으로 전환하려면 원래의 지식과 경험을 버리고 새로 훈련을 받아야 한다. 이는 대단한 시간과 정력 등의 비용을 지급해야 하는 것으로, 경제학에서는 이것을 '전이 비용'이라고 부른다.

전이 비용이 일정한 정도 이상으로 높아지면 고객은 잠길 수 있다. 사람들이 처음에 어떤 제품을 선택하여 많은 시간과 노력을 들여 상당히 익숙한 정도에 이르게 되면 이후에 더 좋은 제품을 대하더라도 쉽게 바꾸려 하지 않고, 손에 익숙한 제품을 계속하여 사용할 것이다.

예를 들어보자. 당신이 가전제품 매장에서 새 텔레비전을 구매하는데 이미 선택의 범위를 두 가지 유사한 텔레비전으로 축소하였다고 하자. 텔레비전을 켜니 두 대의 화면이 완전히 같아 보인다. 사실 양자 간에 아무런 차이가 보이지 않고 단지 하나는 값이 30만 원이고 다른 것은 23만 원이다. 가격이 높은 것은 텔레비전 광고에서 늘 보던 이름난 상표이고 후자는 들어보지도 못한 상표이다.

얼마나 되는 사람이-당신 자신을 포함하여-7만 원을 절약하여 이름없는 텔레비전을 사는 모험을 하겠는가? 대다수의 사람이 싼 물건을 사기를 바랄지라도 당신이 어떤 중요한 상품을 사려고 할 때에 바로 브랜드의 이미지가 작용을 하기 시작한 것이다! 사람들은 결국 선입견을 따르기 좋아하며 유명 상품이 들어보지 못한 제품보다 품질이 더 좋다고 여긴다. 심지어 새로운 제품은 아예 시도해보려고도 하지 않으며 속을까 봐 겁을 낸다.

잠금 효과는 기업의 이미지뿐만 아니라 개인의 앞날에도 큰 영향을 끼친다. 유명 대학의 법대를 졸업한 열등생은 쉽게 대기업에 취직할 수 있으나, 유명한 대학에 다니지는 않으나 주경야독으로 공부한 우등생은 그러기가 매우 어렵다. 왜 그럴까? 유명 대학의 역사가 인력 자원의 책임자들에게 깊은 인상을 이미 남겨놓았기 때문이다.

잠금 효과는 원래 대규모의 강점을 지닌 기업들로 하여금 시장 경쟁에서 더욱 유리한 주도권을 점하게 한다. 대규모의 강점은 다시 기업 경쟁에 필요한 강점과 규모를 갈수록 더욱 크게 만들어 최종적으로 승자 독식의 국면을 만든다.

애인의 눈에서 서시西施가 나온다

광고 모델은 왜 대다수가 유명한 가수와 배우인가? 왜 스타가 내놓는 상품은 더 쉽게 대중의 인정을 받는가?

한 작가가 일단 이름을 날리면 오랫동안 상자 바닥에 눌러두었던 원고 모두가 빠르게 발표되고 모든 저작물이 걱정 없이 판매된다. 그것은 또 왜 그런가?

왜 유명 인사의 평가나 권위 있는 기관의 통계는 사람들에게 자기도 모르게 신뢰감을 느끼게 하는가? 왜 권위에 빠져들어 믿는 사람들은 거울이 될 만한 가치가 없다고 느끼거나 많은 의문점이 있다고 느끼면서도 권위 있는 부문이나 권위 있는 인사의 말이기만 하면 전면적으로 받아들이는가?

왜 외모가 아름다운 사람은 더 환영을 받으며 더 쉽게 남에게 유능하게 여겨지는가?

판매원은 회원을 확보하면서 흔히 '유명한 연예인 아무개도 우리 클럽에 가입했습니다' 라고 말한다. 비록 실제 상황에 맞지 않는데도 왜 효과가 있는가?

모든 문제의 답안은 심리학에서 말하는 '후광 효과'로 풀이할 수 있다. 어떤 사람이 남의 마음에 비교적 좋은 모습으로 있을 때 그는 일종의 긍정적인 후광에 싸일 수 있으며, 따라서 다른 좋은 성질을 부여받는다.

후광 효과는 미지의 사물에 대한 사람들의 신뢰도와 설득력을 증가시켜 그들로 하여금 사물을 인식하는 면에서 '좋은 것은 더 좋고 못한 것은 더 못하다' 라는 효과에 이르게 할 수 있다. 따라서 후광 효과 역시 마태효과를 형성하는 또 다른 주요 요소이다.

후광 효과는 부분이 전체를 뒤덮는 평가 경향으로 개인이 주관적으로 확장하고 확대한 추론의 결과이다. 후광 효과의 작용으로 한 사람의 장점이나 결점이 일단 시야에서 과장되면 다른 장점 혹은 결점도 빛의 배후로 숨어 보이지 않게 된다. 심한 경우에는 심지어 사랑하는 사람의 집에 앉은 까마귀까지 사랑하는 정도에 이른다.

당신이 누군가에게 호감이 생기면 그의 몸에는 긍정적이고 미묘하며 심지어 이상적이기까지 한 후광이 출현할 수 있다. 이런 후광에 둘러싸이면 상대의 외모나 성격의 단점이 무시될 뿐만 아니라 심지어 그가 사용한 물건과 그가 좋아하는 친구, 그리고 가족까지 좋게 느껴진다.

가수나 배우는 광고 속 상품의 품질과 그다지 직접적인 관계가 없다. 그러나 후광 효과의 작용 때문에 스타가 광고한 상품은 뚜렷이 일반인이 광고한 상품보다 더 쉽게 사람들의 인정을 받게 된다.

중국 속담에 '애인의 눈에서 미녀 서시가 나온다' 라는 말이 있는데, 그것도 후광 효과의 결과다. 열애 중에는 자기가 사랑하는 여인이 밝고 깨끗한 달이라고 여기며, 도취한 여인은 마음에 든 사람이 작열하는 태양이라고 여긴다. 양쪽 모두 상대를 이상화한 것이다.

그러므로 교제 과정에서 우리는 결국 누군가를 실제에 맞게 평가할 수 없으며, 자신이 이미 이해한 바에 따라 그의 다른 면을 추측한다. 우리는 늘 상대방이 지닌 어떤 특징을 가지고 다른 관련된 일련의 특성으로 확장하며, 부분적인 정보에서 전체의 인상을 만들며, 가장 적은 양의 정황으로 남에 대해 전면적인 평가를 내린다.

대부분의 사람에게 있어서 가장 쉽게 후광 효과를 일으키는 두 가지 요소는 외모와 권위이다.

일반적으로 외모의 매력은 후광 효과를 가장 쉽게 일으키는 요소이다. 개인의식을 강조하는 오늘날, 후광 효과가 개성화를 추구하는 행동 때문에 약화하지는 않는다. 스타에 대한 열렬한 청소년 팬이 그 전형적인 예이다. 많은 청소년이 어떤 가수나 배우를 좋아하여 복장과 헤어스타일로부터 말하고 행동하는 방식에 이르기까지 어느 것 하나 극성으로 모방하지 않는 것이 없다.

미국 학자 로버트 B. 치알디니Robert B. Cialdini는 그의 저서 《설득의 심리학Influence: The Psychology of Persuasion》에서 다음과 같이 지적하였다. 사람들은 통상 무의식적으로 외모가 아름다운 사람이 긍정적인 품성을 갖고 있다고 생각한다. 총명함, 선량함, 성실함, 기지 등이 그것이다. 그러나 과학적인 연구에 따르면 외모의 흡인력과 자신감 사이에는 뚜렷한 관계가 없으며, 이들 중 외모가 뛰어난 어떤 이들은 남들 앞에서 그렇게 자신의 개성과 능력에 대해 자신감에 차있지 않다고 한다. 외모가 아름다운 사람은 남의 자신에 대한 긍정적인 평가가 자신의 진실한 개성과 능력에 기초한 것이 아니며, 뛰어난 외모의 후광 효과 때문임을 안다. 이러한 모순되고 혼란한 정보의 영향을 받기 때문에, 외모가 아름다운 많은 사람은 반대로 더 자신감이 없게 된다.

남에게 권고할 때 되는 대로 유명 인사나 권위자를 언급하거나 혹은 전문가의 의견을 인용하면서 언행 중에 당신이 그들에 대해 매우 잘 알고 있음을 표현하면 당신의 성공률을 매우 크게 높일 것이다.

일설에 따르면 지구를 일주한 페르디난드 마젤란Ferdinand Magellan이 성공적으로 에스파냐 국왕 카를루스 1세의 도움을 얻을 수 있었던 것은 후광 효과를 이용하였기 때문이라고 한다. 당시 콜럼버스Cristoforo Colombo가 항해에 성공한 이래 많은 투기꾼과 사기꾼이 도움을 얻으려고 빈번히 왕궁을 출입하였다. 마젤란이 자기가 그런 사람들과 다름을 보이려고 국왕을 알현할 때 저명한 지리학자 루이 팔레이루와 같이 갔다.

팔레이루는 지구본을 국왕 앞에 놓고 마젤란이 항해하려는 필요성과 각종 이점을 열거하여 카를루스 1세가 항해 허가증을 발행하도록 설득하였다. 그러나 마젤란 일행이 항해를 마친 후에 사람들은 그의 세계 지리에 대한 잘못된 인식과 그가 계산한 경도와 위도가 많은 편차가 있음을 발견하였다. 그러나 이 같은 것보다 더 중요한 점은 에스파냐 국왕 카를루스 1세가 단지 그것이 '전문가의 건의'이며 팔레이루의 권고가 믿을 만하다고 인정하였다는 것이다.

사실 우리는 생활 속에서 거의 언제나 무의식적으로, 그리고 집요하게 후광 효과를 이용한다. 대다수의 사람은 권위의 눈치만 채도 즉각 자기의 주장이나 신념을 포기하고 돌아서서 권위자의 주장에 영합한다. 그리하여 그들은 자연히 설득된다.

주의해야 할 것은 후광 효과가 비록 어떤 사람에 대해 빨리 이해하게 할 수는 있으나 그 부정적인 영향을 무시할 수 없다는 점이다. 후광 효과의 심리작용 아래에서는 선악과 진위의 분별이 어려우므로 남에게 이용당하기 쉽기 때문이다.

마태
효과 **2**

금상첨화의 마태효과

마태효과는 승리가 우리의 자원을 늘려줄 것이며, 우리가 재차 승리할 가능성을 높여줄 것이라는 사실을 일러준다. 바꿔 말하면 우리는 마땅히 계속해서 '부가가치'를 가져다줄 승리를 노려야 한다. 이 원칙은 우리에게 정확한 방법과 수단으로 승리하라고 요구한다.

성공은 성공의 어머니

명언 중에 'Success breeds success' 라는 말이 있다. 우리말로 옮기면 '성공은 성공을 낳는다' 또는 '성공은 성공의 어머니이다' 가 된다. 낯선 곳에 가면 우리는 흔히 손님이 많은 식당을 선택하여 식사를 한다. 그곳에서는 기달리지언정 손님이 없는 식당에는 가려고 하지 않는다. 병원에 진찰받으러 가서도 오랜 시간을 기다릴지언정 의술이 떨어진다고 알려진 다른 의사에게 가려고 하지 않는다.

우리는 늘 '실패는 성공의 어머니' 라는 말은 듣지만, '성공은 성공의 어머니' 라는 말은 거의 듣지 못한다. 대체로 사람은 역경을 거치고 나서야 링컨Abraham Lincoln이나 에디슨Thomas Alva Edison

같은 위인이 될 수 있으며 어려서부터 천부적인 재능을 지닌 사람은 요절한다고 여긴다. 아마도 성공한 사람 중에는 링컨이나 에디슨 같은 사람들이 더 많다고 느끼기 때문에 '성공은 성공을 낳을 수 없다' 라는 결론에 이르게 되었을 것이다.

우리는 실패가 인생을 새로이 만들어낼 수 있음을 안다. 실패는 의지를 더욱 단련시키고, 정신을 차리고 깨어나 있게 할 수 있으며, 단단한 투지를 불러일으킬 수 있기 때문이다. 그러나 성공의 길이 모두 실패라는 돌로 덮여있는 것은 아니다. 끊임없는 성공에서 성공으로 나아가는 것이 정상적이다.

마태효과에는 성공과 실패에서 양극화가 존재한다. 성공은 당신이 더욱 자신감을 느끼고 더 크게 성공하고, 실패는 좌절감을 불러일으키고 성공에서 멀어지게 할 수 있다. 나폴레옹은 평생 백여 차례나 승전했는데, 이 승전은 적들이 자신을 보기만 하고도 도망치리라고 굳게 믿게 하였다. 중국의 옛말에 '지붕에 구멍만 나면 꼭 비가 온다' 거나 '재난은 한 번에 그치지 않는다' 라는 말이 있는데, 이것은 바로 실패의 마태효과를 말한다.

'실패는 성공의 어머니' 라는 말에는 나름의 이치가 있다. 그러나 절대적인 것은 아니며 일정한 적용 범위가 있다. 생각해 보라. 만약 당신이 줄곧 실패하여 성공의 단맛을 맛본 적이 한 번도 없음에도 성공할 수 있다는 자신이 있겠는가? 그래도 실패는 성공의 어머니라고 믿겠는가?

만약 당신에게 성공한 경력이 없다면 이미 성공한 사람은 당신의 손에 쉽게 성공의 기회를 넘겨주지 않을 것이다. 그럼에도, 남을 탓하지 마라. 무엇인가를 이루어 자신의 능력을 보여야만 한다. 성공의 최대 장점은 사람들이 당신에게 신뢰감을 느끼고 더 크고 많은 기회를 제공한다는 것이다. 더 크고 많은 기회가 생겼을 때 비로소 당신의 잠재능력을 발휘할 수 있다.

따라서 성공은 지금보다 배로 증가하는 효과가 있다. 당신이 성공하면 할수록 더 많은 기회와 자신을 갖게 되는데, 그 자신감과 기회가 또다시 당신을 성공하게 한다. 이런 시각에서 볼 때, 성공은 성공의 어머니다.

물론 어떤 성공은 수없이 많은 실패 속에서 비롯된 사람도 있다. 그래서 그들의 성공은 실패의 누적이라고 여긴다. 심지어 어떤 사람은 실패의 횟수가 많을수록 성공의 희망도 크다고 여긴다. 혹자는 실패를 하나의 영예로 여겨, '실패야말로 성공의 어머니이다'라고 멋지게 부르기까지 한다.

그러나 기업에서 실패는 성공의 어머니가 되기 어렵다. 두서너 개의 정책상 착오만 있어도 회사는 파산할 수 있으며 기회를 일단 놓치면 그 공백을 메우기가 어렵다.

성공이 그렇게 중요하다면 도대체 성공이 우리에게 무엇을 가져다주는가를 묻지 않을 수 없다.

✔성공은 소중한 경험을 제공한다

실패는 당신이 교훈을 얻어 성공으로 향하게 인도할 수 있게 하는 데 반해, 성공은 당신에게 소중한 경험을 제공하여 다음의 더 큰 성공을 위한 기초를 마련하게 한다.

근대물리학의 선구자인 갈릴레오Galileo Galilei는 역학과 천문학 방면에 모두 뛰어난 공헌을 하였다. 1609년에 갈릴레오는 간단한 대롱 형태의 기구器具를 만들었는데 그것으로 확대된 물체를 볼 수 있었다. 그것을 토대로 기구의 확대 배수를 증가하는 등 끊임없이 발전시킨 끝에 세계 최초로 천체 망원경을 만들어냈다.

그것은 작은 시작에 불과하였다. 이어서 자신이 만든 망원경으로 달의 골짜기, 목성을 도는 네 개의 위성, 금성의 형태 변화, 태양의 흑점과 자전 등 일련의 천문 현상을 발견하였다. 이 발견은 코페르니쿠스Nikolaus Kopernikus의 지동설地動說을 뒷받침하는 근거를 제시하였다. 이러한 모든 공적은 망원경의 발명이라는 성공에 그 공을 돌리지 않을 수 없다.

갈릴레오뿐만 아니라 뉴턴Isaac Newton의 역학, 줄James

Prescott Joule의 에너지 보존 법칙, 아인슈타인Albert Einstein의 상대성 원리 등 과학사에서 한 획을 그은 유명한 이론과 법칙은 모두 미세한 출발 위에서 지속적으로 깊게 연구하여 얻어낸 것들이다. 그들은 성공의 정확한 지시 아래 더 큰 성과로 향하는 지름길을 찾아낸 것이다.

✔ 성공은 자신감을 높여준다

자신감은 성공으로 향하는 전제조건이다. 그리고 누구나 무슨 일인가를 떠나 강한 자신감이 없다면 성공할 수 없다. 한 개인의 자신감은 기구와도 같다. 실패하는 경우는 외부의 온도가 낮아져 기구의 부피가 줄어들고 위축되어 바람이 빠지게 되는 것에 비유한다. 즉, 자신감이 약해지면 스스로 자포자기에 이른다. 반대로 성공하는 경우는 외부의 온도가 상승하여 기체의 부피가 팽창하는 것에 비유하며, 그때는 자신감이 높아진다. 물론 기구가 지나치게 팽창하여 파열할 수도 있는데, 이는 자부심 때문에 성공에서 파멸로 향하는 것과 같다.

이상에서 알 수 있는 것은 성공은 자신감을 높이는 반면 최면 작용을 동반한다. 성공으로 가는 길목에 있는 사람은 반드시 합리적이고 이성적인 절제를 통해 파멸로 향하는 것을 면해야 한다.

✔성공은 자아를 더 잘 인식하게 하고 잠재력을 발굴하게 한다

어떤 한 미국인이 다리 셋을 가지고 태어나 어려서부터 남의 조롱과 비웃음 속에서 자랐다. 한번은 그가 서커스에 참가하여 피에로를 연기하였는데 뜻밖에도 관객의 열렬한 환영을 받았다. 이때부터 그는 자신의 인생 좌표를 발견하고는 많은 노력을 들여 연기 연습을 했다. 그리고 남과 다른 자신의 신체적인 특징을 이용하여, 마침내 한때를 풍미한 피에로 스타가 되었다. 그의 영광은 첫 번째 성공과 밀접한 관계가 있었던 것이다.

세상에는 영원한 성공자도 영원한 실패자도 없다. 사람은 각자 다른 길을 걸어가지만, 같은 것은 누구도 성공과 실패를 피해갈 수 없다는 점이다. 금자탑金字塔에 오른 매와 달팽이에게서 우리가 배울 점이 있다면 전자는 좋은 처지라는 달콤한 유혹에 저항할 수 있었으며, 후자는 역경을 뚫고 좌절을 극복했다는 것이다.

한 성공학 강사가 연수원의 초청을 받아 강연하게 되었다. 강연을 주최한 성공학 연수원은 강사에게 300달러의 보수를 주기로 했다. 성대하게 열린 강연에는 많은 청중이 몰려들었고, 모두에게 환영을 받은 채 성공적으로 끝났다. 강사는 이 강연으로 성공학과 관련된 사람들을 알게 되어 소득뿐만 아니라 더 많은 유익

함을 얻었다고 여겼다. 그리고 연수원에서 주는 보수를 거절하면서 말했다.

"요 며칠간 제가 얻은 소득은 절대로 제가 받기로 한 몇백 달러로 살 수 있는 것이 아닙니다. 제가 얻은 것은 이미 약속한 보수의 가치를 넘었습니다."

연수원의 담당자는 크게 감동하여 강사가 보수를 거절한 일을 연수원의 모든 사람에게 알리며 말했다. "이 강사는 강연을 통해 얻은 다른 방면의 수확이 약속한 보수를 훨씬 초과했다고 제게 말했습니다. 이는 그가 성공학 연구에서 이미 상당한 수준에 도달하였음을 뜻합니다. 그와 같은 강사만이 진정한 의미에서 성공학 대가라고 부를 수 있을 것입니다. 그는 이미 성공의 요소와 의미를 깊이 깨달았기 때문입니다. 그렇다면 그가 말하는 성공학은 틀림없이 가장 실용적이고 일상 생활에 두루 쓰일 수 있습니다. 그가 쓴 성공학 저서를 읽는다면 틀림없이 성공의 계시를 얻을 수 있을 것입니다."

그러자 강연을 들으러 온 청중들은 저마다 나서서 강사의 성공학 저서와 비디오테이프 등의 상품을 구매하였다. 이후 연수원은 이 일을 본보기로 삼고자 강사가 보수를 거절한 일에 대해 글을 써서 연수원의 열람실에 걸어두었다. 연수에 참여하는 모든 사람들은 그 강사의 미덕을 느낄 수 있었으며 모두가 그의 서적과 상품을 구매하였다. 그리고 강사는 자신의 책을 판매한 것만으로도 거액의 수입을 올릴 수 있게 되었다.

성공할수록 더 커지는 자신감

한 사람의 자신감은 한 그루 식물과도 같아서 뿌리를 내리고 성장하여 꽃을 피우고 열매를 맺을 수도 있고 말라 시들 수도 있다. 또 씨를 퍼뜨려 다른 사람의 자신감이 꽃을 피우고 열매를 맺도록 할 수도 있다. 이 원리를 이해하는 사람만이 비로소 자신감이 무엇인지 진정으로 이해할 수 있는데, 이것은 어떻게 작용하는 것인가?

미국의 저명한 심리학자 로젠탈Robert Rosenthal과 조수가 한 초등학교에서 '미래의 발전 추세'에 대해 실험을 하였다. 그들은 교장과 담당 선생님들에게 칭찬하는 어조로 발전 가능성이 가장 큰 학생의 명단을 건네며 비밀을 지켜달라고 당부하였다. 그러나 명단에 있는 학생은 무작위로 골라낸 것이었기 때문에 그들은 '권위있는 거짓말'을 한 셈이 되었다.

그로부터 8개월 후, 명단에 있는 학생은 모두 성적이 크게 나아졌으며, 다른 분야에서도 명단에 없는 학생보다 매우 우수하였다. 분명 로젠탈의 '권위 있는 거짓말'이 작용한 때문이었다. 이 거짓

말이 선생님들에게 심리적인 작용을 해 학생들의 능력을 평가하고 결정하는데 좌우했기 때문이다. 선생님들은 자신의 심리 활동을 감정과 언어와 행동을 통해 학생들에게 전달하였다. 선생님들의 사랑과 기대는 자존심과 자신감이 향상되도록 학생들을 변화시켰고, 나아가 다양한 분야에서 많은 발전을 이루도록 했다.

각각의 아이들은 모두 비범한 사람이 될 수 있다. 한 아이가 천재가 될 수 있는지의 관건은 부모나 선생님이 갖는 아이에 대한 믿음에 따른다. 믿음은 전달되고 성장하는 것이다. 부모와 선생님이 아이를 믿을 때만이 비로소 아이가 자신을 믿는 마음을 갖게 된다.

믿음만 있으면 자신의 일을 완벽하게 해낼 수 있다는 자신감이 생기며 나아가 자신의 일을 좋아하게 된다. 그렇다면 성공 역시 자연스럽게 따라온다. 그리고 격려를 받고 성공을 하고 나면 끊임없이 새로운 일을 시도해 더 많은 성공을 거둘 것이다.

성공적인 교육은 그림자 없는 등과 같아서 학생에게 어떠한 마음속의 그림자도 만들어주지 않는다. 반대로 자아실현 욕구의 충족은 올바른 정서적 체험을 얻게 함으로써 끊임없이 진취적인 사람이 되게 하는 힘이 된다. 학생이 성공을 거둔 뒤에는 성공으로 빚어진 자신감이 좋은 성적을 얻도록 진일보하게끔 추진 작용을 일으킨다. 좋은 성적을 얻음에 따라 심리적 요소는 더 강화되고,

계속해서 발전해 더 큰 성공을 거두게 한다.

어떤 학생이 학교 성적이 껑충 오르자 선생님의 칭찬으로 학우들이 주목하고, 부모도 원하는 것을 사주고 용돈을 올려주었다. 그런데 학생이 더욱 분발하려고 할 무렵, 선생님이 "교만하지 말고 떠들지 마라"라는 주의를 주고, 부모는 그것을 보고서 엄하게 꾸짖었다. 학우들의 시선에도 변화가 있는 듯하였다. 그렇게 되자 이후 성적은 떨어지기 시작하고, 선생님은 '교만 때문에 뒤떨어진' 좋은 예로써 다른 학생들에게 경계할 일로 삼았다. 부모도 아이가 기뻐할 줄만 알았지 더 노력하지 않는다고 탓을 하며 용돈을 깎는 벌을 내리기에 이르렀다. 이때부터 이 학생은 계속해서 부진하더니 두 번 다시는 좋은 성적을 얻지 못하였다.

학생이 좋은 성적으로 선생님과 부모에게 칭찬을 받았을 때 갖는 기쁨이 반드시 교만함만은 아니다. 아마도 슬며시 생겨나는 자부심일 수 있다. 자부심은 자신감과 같은 의미의 말로 절대 자기 과신으로 바뀌지는 않으며 더욱이 교만에 빠진 사람으로 변모하지 않는다.

대부분의 사람은 자신들이 하는 일에서 자부自負할 수 있는데 이 자부심에는 '자본'이 있어야 한다. 자본은 강한 면, 장점, 우월성 등 남보다 더 나은 점을 말한다. 따라서 아이가 '자본'을 가지려면 부단한 노력을 통해 발전하며, 지속적으로 개척하고 창조해

상승세를 보여야 한다. 이러한 의미에서 자부심은 일종의 원동력이다. 즉, 자부심은 자만심으로 뒤떨어지게 하지 않으며 발전하게 한다. 따라서 교사나 부모는 아이의 자부심을 억지로 억눌러서는 안 되며 존중해야만 한다.

현대 사회는 겉보기에만 겸손한 듯한 사람을 선호하지 않는다. 입으로만 하는 겸손은 진정한 겸손이 아니다. 만약 우리가 장난꾸러기에게 덮어놓고 행동거지를 겸손하고 공손하게 하도록 요구한다면 아이는 자신감을 억누르게 되고 자기비하를 조장하게 될 것이다. 자부심과 자신감이 모두 꺾인 젊은이는 직장에서도 위축되어 감히 나서지 못하고, 도전이 따르는 일에 승부를 걸지 못한다.

결점이라고는 하나도 없는 완벽한 사람만이 자부하는 것은 아니다. 발전의 가능성이 조금이라도 있다면 누구나 자부할 수 있다.

교사나 부모는 마땅히 아이들에게 자부심을 존중하고 격려하는 분위기를 만들어주어야 한다. 아이들이 일단 자부하면 교만해진다고 생각하지 말아야 하며, 걸핏하면 "네가 뭐 별난 줄 알아?" 하고 조롱하지 말아야 한다. 특히, '변덕이 죽 끓듯 하는' 아이들에게는 더욱이 의심스런 눈치를 보이지 말아야 한다.

중국에는 '느낌이 좋다' 라는 말이 있는데, 이 말은 자신감과 자부심의 또 다른 표현이다. 그러므로 '느낌이 좋다' 라는 사람은 보통 뚜렷한 정신 자세와 의기가 넘친다. 가장 좋은 정신 상태는 지능과 마찬가지로 학생의 전체적인 소질에서 중요한 요소이다.

성공하려는 모든 이들에게 '자신감의 마태효과'에 주목하는 것보다 더 중요한 것은 없다. 성공하고, 자부하며, 격려를 받으면 자부심은 보조물이 되어 한 성공으로부터 다른 성공으로 향하게 한다. 실패하고, 기가 꺾이며, 비판을 받으면 자기비하가 보조물이 되어 잠시의 실패가 영원한 패배로 향하게 한다.

자신감의 마태효과로 말미암아 강자는 갈수록 더욱더 강하게 된다. 이는 개인에게 적용될 뿐만 아니라 국가에게도 마찬가지로 적용된다.

라틴 아메리카에 금융 위기가 발생한 후에 아르헨티나는 세계에서 가장 주목받는 나라 중 하나가 되었다. 그러나 명예로운 영예는 아니다. 아르헨티나가 주목받은 것은 형편없는 경제 상황 때문이었다. 이 나라 경제는 몇 년간 성장하지 않았다. 또한, 여러 차례 가장 심각한 경제 위기에도 빠졌다.

위기의 근원이 도대체 무엇인지는 말하기 어렵다. 그러나 심각한 외채의 부담은 아르헨티나 경제를 억누르는 치명적인 문제였다. 수천억에 달하는 외채가 아르헨티나와 같은 국가에게는 머리 위에 걸린 날카로운 칼과도 같은 것이었다.

이러한 잠재된 거대한 위험은 사람들에게 이 국가의 경제 상황에 대해 비관하게 하였으며, 투자의 대폭적인 감소는 경제를 일으킬 수 있는 동력을 제거한 꼴이 되었다. 또 경제 부진은 실업률의 상승과 통화량의 팽창 문제를 일으켰다. 정부에 대한 국민의 믿음도 타격을 받고, 이어서 자신의 돈이 경제 위기 속에서 물거품이 될 것을 걱정한 사람들은 은행으로 몰려가서 예금을 찾아가 단기간에 수백억 달러가 빠져나갔다. 이 상황은 아르헨티나에 있어서 결정타였다. 뒤늦게 아르헨티나 정부는 은행에서의 인출과 자금의 외부 유출을 엄격히 제한하였다. 그러나 이 조치는 민중의 강력한 반발로 더욱 큰 소란을 일으켜 사회는 혼란 상태로 빠져들었다. 정권은 교체되었지만 온 나라가 위기 속으로 점점 더 깊이 빠져들어 헤어날 수가 없었다. 심지어 수리비를 마련하지 못해 대통령 전용기가 억류되는 난감한 상황에 부닥치기도 했다.

거대한 외채로 말하자면 아르헨티나와 유사한 나라는 미국이다. 모두 아는 바와 같이 미국은 세계에서 가장 강대한 국가이다. 경제, 정치, 군사력, 과학기술, 문화 및 체육 영역에 이르기까지 어느 방면으로 보아도 그렇다. 그러나 미국에 대해 또 다른 사실은 모두가 아는 바는 아닐 것이다.

미국은 일찍이 십여 년 전부터 이미 채무국이었으며 지금까지도 국채가 수조 달러에 이른다. 말하자면 미국 국민 일인당 평균 만 달러에 이르는 빚을 지고 있는 셈이다. 이와 비교하면 아르헨티나를 무너뜨린 '수천억의 외채'는 푼돈에 불과할 뿐이다.

미국의 금융 시장도 전혀 위험이 없는 것은 아니다. 엔론Enron사가 파산하고 많은 대기업이 재무보고 위조의 혐의를 받는 일은 모두 미국 경제에 회의를 갖게 한다. 만약 이러한 일들이 아르헨티나와 같은 나라에서 발생하였다면 그 결과는 분명 치명적일 것이다. 그러나 미국에서 발생했다는 이유만으로 사람들은 걱정하고 경각심을 갖기는 해도, 이 나라에 대한 믿음을 잃지 않는다. 미국은 여전히 세계에서 투자자에게 가장 주목받는 국가로 존재하며, 그 미래에 대해 변함없는 믿음을 지닌다. 왜 그런가? 이유는 간단하다.

미국은 '큰' 나라이며, 사람들은 경제력과 발전 가능한 잠재력이 여러 가지 불량한 요소들을 압도할 수 있다고 믿기 때문이다. 그러나 아르헨티나는 경제적으로는 '작은' 나라이며 그 나라에 투자하기를 원하는 사람이 없기 때문이다.

영원히 반보 앞서기

누구나 오르막의 선순환에 들어가서 마태효과의 수익자가 되기를 바란다. 그리고 내리막의 악순환에 들어 마태효과의 피해자가 되는 것은 싫어하며 두려워한다. 그러나 단지 희망만을 품는 것으로는 부족하다.

수천수만 명의 사람들 역시 당신처럼 성공과 부유함을 갈망하며, 심리적인 출발점에서 선 당신과 그들의 모습은 다르지 않다. 그렇다면 어떻게 '가진 자에게 더 주어 풍족하게 만드는', 그 가진 자의 일부분이 될 것인가?

사실 사업의 비결과 경험은 너무 많아서 마음속에 다 기억할 수 없다. 다만, 여기서 당신은 '선행先行'이라는 단어만 기억하면 된다. '일보 선행一步先行'은 말하기는 쉬우나 실행은 결코 간단하지 않다. 다만, 당신이 마음이 있다면 '희미한 것을 보고 뚜렷한 것을 안다'라고 하였듯이, 많은 작은 일에서 기회를 발견할 수 있다. 남보다 앞서 기회를 잡으면 거기에서 무한한 이익을 얻을 수 있으며, 설사 반걸음 정도만이라도 앞선다 해도 줄곧 앞설 수 있다.

일본 소니사의 강령에는 '일보 선행 내내 선행'이 있다. 물론 이것은 마태효과를 통해 수익을 얻은 모든 사람들의 비결이기도 하다. 위에서 아래까지 모두가 목표를 향해 용감하게 전진하는 분위기가 오늘날 소니의 성공을 이끈 동력으로, 목표와 꿈의 실현은 '일보 선행 내내 선행'의 경쟁 전략에서 나온다.

비약적으로 발전하는 오늘날, 시대의 선두에서 바로 서려면 끊임없는 노력만이 살길이다. 소니사는 생산량과 이윤이 늘어 수익이 수직상승 하였음에도 결코 만족하지 않았다. 소니사 사장은 "반드시 일보 선행이 내내 선행과 같지는 않습니다. 오늘의 좋은 형세가 내일 시장에서 밀려나지 않으리라는 보장을 하지는 않습니다. 사업가는 반드시 높이 올라 멀리 내다보는 목표 의식을 가지고서, 일보 선행하고 내내 선행하여 기회를 잡아야 합니다. 그리하면 성공의 출발점을 차지하게 됩니다"라고 말했다.

'영원히 반보 앞서기'는 미국 오라클ORACLE사가 기업 문화를 향상시키고 기업의 핵심 경쟁력을 증강하고자 특별히 지키는 경영 이념이다. 오라클사의 총재는 다음과 같이 말하였다.

"영원한 반보 앞서기를 제시한 까닭은 조금 앞서가고 있으면 내내 앞설 수 있으며, 나아가 시장의 인정을 받을 수 있기 때문입니다. 다만, 너무 앞서는 안 됩니다. 너무 앞서면 시장의 소비가 형성되지 않으며, 그렇게 되면 시장을 이끌려는 목적을 달성할 수 없습니다."

오라클사의 이러한 경영 이념은 시장 민감도의 앞서기, 판매 정책 앞서기, 서비스 앞서기, 규모의 앞서기 등을 포괄한다.

오라클사가 시장을 개척할 때는 늘 시장에 반보 앞서고 경쟁 상대에 반보 앞선다. 그리고 이 반보는 경제학자와 경제평론가가 늘 말하는 시장에 앞서 소비를 인도하는 것이다. 오라클사의 한 고위 인사는 매체에 다음과 같이 토로하였다.

"다른 소프트웨어의 출시 계획이 있기도 전에, 심지어 개발 중일 때, 우리의 제품은 이미 출시되었습니다. 그러나 우리는 통상적으로 경쟁 회사보다 단지 한 달 앞설 뿐입니다."

어쩌면 '일보 선행 내내 선행'의 이치는 누구나 알고 있는지도 모른다. 그러나 모두에게 있어서 문제는 어떻게 '앞선 첫걸음'을 내딛는가이다.

홍콩의 부호 우자오성[吳兆聲] 선생은 1950년대에 한 회사의 말단 직원이었다. 한번은 그가 아프리카의 삶을 그린 영화를 보고 아프리카 사람들이 머리를 장식하기를 매우 좋아한다는 사실을 알았다. 그래서 그는 머리 장식품과 관련한 사업을 구상했다. 자본금으로 수천 달러를 마련하고는 홀로 아프리카에 뛰어들어 몇 년간의 노력 끝에 사업은 입이 벌어질 정도로 발전하였다. 그러자 홍콩의 많은 사업가도 서둘러 아프리카에서 같은 사업을 벌였다. 많은 경쟁자를 맞이한 우자오성은 자기가 토대를 닦은 사업에 미련을 버리고 다른 사업을 개척하였다.

기업 활동에서 희귀한 것이 으뜸이고 적은 것이 귀한 현상이 갈수록 두드러지기 때문에 남보다 뛰어나려면 반보를 앞서야 한다. 그러려면 '절대적 수단'이 있어야 하는데, 그것은 바로 희귀하고 독특한 것에 노력을 들이고 아이디어를 생각하는 것이다. 남이 보지 못하는 것을 보고 남이 하지 않는 것을 해야만 비로소 멋지게 승리하고 끊임없이 승리할 수 있다.

이름이 알려지면 모든 일이 쉽게 풀린다

스타 한 사람의 한차례 광고 수입이 십여억 원에 이른다. 수십 명의 노동자가 한 해 동안 부지런히 일해 얻은 소득보다도 많다. 그렇다면 스타가 한차례 출연에 들인 시간이 노동자의 연 노동 시간의 수십 배라는 것인가?

아니다! 그것은 유명인 효과의 결과이다.

청룽[成龍]이 갓 17세에 데뷔했을 때 출연료는 하루 수십 홍콩달러에 불과했다. 그로부터 몇 년 후에 주연 배우나 감독으로 이름을 올렸지만 여전히 작품 한 편당 보수는 만여 달러에 지나지 않았다. 그러나 지금은 전세계 영화계를 주름잡으면서 편당 보수는 억 단위까지 올랐다.

르윈스키[Monica Lewinsky]는 클린턴[William Jefferson Clinton]과의 염문사건 이전에는 아무에게도 알려지지 않았으나 이후 시간당 인터뷰 대가만 수만 달러가 된다.

이러한 몸값 차이는 유명인 효과에 기인한다. 유명인 효과가 작용하는 까닭은 유명인의 후광이 사람들에게 가져오는 보이지 않는 강점과 자부심 때문이다.

유명한 가수의 공연은 입장료만 수만 원에서 심지어 수십만 원까지 된다. 사실 그렇게 비싼 값을 치르며 보고 듣는 효과는 텔레비전과 별반 다르지 않다. 그러나 많은 사람이 여전히 현장의 분위기를 느끼고자 과감히 지갑을 연다.

유명인 효과의 관건은 높은 지명도에 있으며, 지명도는 한 개인의 사회적 인지를 나타내는 지표이다. 유명인 효과가 호소력을 갖는 원인은 장애가 없기 때문이다. 예를 들어, 유명인은 자신과는 전혀 다른 종교를 믿고, 생각을 하고, 행동하는 예술가와 함께 술집에 나타나더라도 어떤 부정적인 영향이 작용할 것인가를 걱정하지 않는다. 만약 헬먼, 요셉, 마흐무드 압바스, 헬무트 슈미트와 함께 만난다면 자신들은 상대를 통해 유명인의 범주에 든다고 생각한다. 또 기타 진영과 모종의 관계를 유지한다고 해서 그것을 꾸짖지 않으며, 단지 그것은 경제계와 과학계 및 정치계 우두머리 간의 필요한 접촉이라고 말할 것이다.

이런 유명인 효과의 수요는 심지어 관련 산업을 발생시켰는데, 다보스 포럼이 그것이다. 다보스 포럼은 유명인 효과의 특성을 매우 잘 아는 제네바의 한 교수가 회의를 매우 고급스럽게 개최하여 유명인을 흡수하는 목적을 이룬다. 회의에서 강연하는 사람은 전 영국 총리거나 최근의 노벨경제학상 수상자 등 진정한 명사만이 가능하다. 하지만, 이들도 개인이 아닌 회사를 대표해서 회의에 참석한다면 – '유명인 간의 증명 효과'라는 특수한 영예를 누리려면 소속 회사가 – 이 제네바 교수에게 많은 돈을 치러야 한다.

한편, 다보스 포럼에서 참석한 사람들 대부분은 매우 유명하기 때문에 강연료를 받기보다는 다른 유명인 앞에서 발표한 강연을 통해 자신의 지명도를 증명했다는 것에 더 만족할 것이다.

자신만의 개인 브랜드를 만들어라

명성이 자자해서 익히 알려진 사람은 얼굴을 보일 기회가 더 많을 것이다. 매체는 취재하고 보도하기를, 기업은 모델로 기용하여 광고하기를 바랄 것이다. 당연히 당사자는 그로 말미암아 더 이름이 날 것이다. 용모가 아름답거나 매력이 있는 사람은 남의 시선을 끌고, 사랑을 받게 될 것이다. 보기에 따라서는 성공할 모든 기회가 전적으로 그들을 위해 열려있는 듯하다.

각 분야를 보더라도 정상급 인물은 누구보다도 후한 대접을 받고 있다. 직장에서는 소수의 전문 엘리트들이 놀랄 만한 대우와 지나치다 싶을 만큼 총애를 누린다. 이것은 모두 뛰어난 재능과 자신만의 브랜드를 갖춘다는 것이 얼마나 큰 행운인가를 설명한다.

재능 있는 사람이 우대를 받는 현상은 시간이 흐름에 따라 점점 더 뚜렷하다. 오늘날 우리 사회는 100년 전보다 훨씬 더 엘리트 계층에 의해 이끌리는 사회라고 할 수 있다. 또한, 계급이나 혈통이 아닌 돈이 성공의 척도가 되는 승자 독식의 사회라고 할 수 있다.

통상적으로 기업은 자신들이 만드는 상품의 브랜드 효과를 내고자 수억 원이 드는 광고전쟁을 일으킨다. 그러나 개인에게 있어서는 누구도 그렇게 할 수 없다. 하지만, 당신은 기업처럼 수백만의 대중을 상대할 필요는 없다. 당신은 한눈에 들어오는 혹은 개척할 만한 고객의 영역을 지니고 있으므로 잘 다루기만 한다면 기업과 마찬가지로 자기 영역에서 유명인이 될 수 있다.

가령 당신이 갖는 개인 브랜드를 사적인 생활에만 국한해서 본다면, 그것은 당신이 플레이보이이거나 남편, 미식가, 집안의 가장, 협회의 명예회장, 예술품 수집가 심지어는 남을 도와서 주목받는 사람이 되기 바란다는 것을 의미할 수도 있다. 따라서 당신이 누군가의 주목을 받기 바란다면 당연히 그 방면의 영역을 집중적으로 개척해야만 한다.

한편, 당신의 개인 브랜드가 대중에게 영향을 미칠 수 있는 영역에 있다면 이미 아주 넓은 고객의 범위를 가지고 있다고 할 수 있다. 한 지방 신문 편집자의 고객 영역은 텔레비전 뉴스 편집자의 경우보다 좁으며, 한 지역 대리인의 고객 영역은 연방 정부의 정치가보다 좁다. 그러나 이 모두는 더 많은 고객 집단에 의해 신임을 얻는 과정이며, 더 중요한 위치로 옮겨지는 과정이다.

만약 당신이 예술가라면 예술을 이해하는 모든 사람이 당신이 갖은 개인 브랜드의 잠재적 고객이 될 수 있다. 그리고 치과의사나 변호사 혹은 세무사라면 고객 영역은 지역적 범위에 국한될 수 있다. 전통적인 '직원을 고용하는' 영역에 속한다면 사무원으로서 당신의 동료와 상사가 '고객'에 해당할 수 있겠다.

아마도 당신은 다른 부문의 사람들이 당신을 해당 영역의 '유명 브랜드를 생산하는 사람'으로 인정해주기를 바랄 것이고, 작은 기업의 대표나 세일즈맨 혹은 대리인이라면 고객에 대해 이해하려고 노력할 것이다. 그것은 새로운 고객을 얻는다는 것이 얼마나 중요한가를 알기 때문이다.

풍부한 자원이 지니는 강점은 더 높은 사회적 명예를 갖는 데에서 나타난다. 그것은 사회 전체가 '계속해서 좋은 일만이 나타나는' 사회로 향하기 때문이다. 성공하기 전에는 아무도 당신을 이해하고 알리려고 하지 않지만, 일단 성공하면 모든 사람이 구름처럼 몰려올 것이다.

성공하려면 유명해져라

많은 사람이 모두 더 높은 사회적 명예를 가지면 자신에게 성공이 온다는 것을 안다. 또 자신의 고객 영역이 무엇인지도 알고 있다. 그러나 가장 큰 문제는 어떻게 자신의 지명도를 내세우고 팔 것이냐를 모른다는 점이다.

현대 사회에서는 이름을 널리 알리는 것이 성공의 가장 빠른 방법이 되었다. 유명해지면 돈, 특권, 영예, 지위, 영향력, 대인 관계 등 다방면으로 많은 이점이 따른다. 또한, 제대로만 행동하면 누구나 신속하게 이름을 알릴 수 있다.

다음에 소개하는 각종 관념과 조작 세칙에 대한 이해와 수행하는 정도에 따라 당신의 브랜드에 깊은 영향을 미친다. 다시 말하면 당신이 전국적으로 또는 세계적으로 유명하기를 바란다면 아래의 조작 세칙에 대해 어긋남이 없이 모두 준수해야 한다. 그러나 만약 당신이 단지 어떤 한 영역에서만 약간의 명성을 얻기 바란다면 자신의 특기나 특징 및 성향에 따라 선택적으로 실천하면 된다.

현대 명성학의 창시자 보스딩이 만든 훈련법은 1990년 이래 구미 각국에서 널리 퍼지기 시작했으며, 국제무대에서 이름을 날린 많은 유명인이 모두 이 방법을 이용하였다. 미국 정계에서 명망이 높고 역사상 가장 표현력이 뛰어났다는 레이건 대통령과 몇 차례 세기적 추문을 일으켰으나 여전히 꿋꿋하게 존재하는 클린턴 대통령 등이 대표적으로 성공한 예이다.

명성학의 핵심 논점은 매스미디어가 발달한 시대에 유명인의 명성은 상품가치를 지닌 채 커다란 상업적 이익을 가져오고, 명성은 공장에서 표준화한 생산 모델처럼 매체로부터 포폄襃貶을 통해 단기간에 오르내린다는 것이다.

소위 명성 제조업은 할리우드에서 기원하였는데 후원자를 핵심으로 하여 공공 관계, 방송, 이미지 설계, 교육과 훈련, 광고, 유명인 이미지의 권리 대행과 양도 등으로 나뉘는 '제4산업' 을 가리킨다. 현재 이 산업은 이미 사회의 각 영역으로 퍼져 우리의 문화 사유와 생활 방식에 깊이 영향을 미치고 있다.

그렇다면 명성을 추구하는 데 어떤 순서가 따르는가?

우선 당신의 명성 취득을 지지할 동조자를 찾아야 한다. 동조자는 후원자, 제작자, 정계의 이익단체, 출판계나 체육계의 배후에서 조종하는 재단 등 당신을 띄워 주고 당신과 함께 상업적 이익을 나누려는 사람이다.

그러나 동조자를 찾기 전에 먼저 자기의 자리를 찾고 경쟁에서 우위에 설 수 있는 강점을 찾아내어 작은 범위부터라도 차근차근 명성을 쌓아야 한다. 그래야 동조자를 끌어들이기 쉽다.

다음으로 당신은 전체 명성 산업의 운영 과정과 각 업종 간에 연결된 상호 관계를 이해해야 한다. 특히, 언론 매체의 송고送稿 절차, 기사의 취사선택이 되는 기준, 당신의 출연과 취재를 안배하는 권한을 가진 인물 등에 대해 숙지해야 한다.

기회를 준다면 자주 매체에 등장함으로써 지명도를 얻고, 동조자를 끌어들일 수 있다. 이를 통해 전문적인 명성 훈련법과 충분한 자원을 운영하여 자기를 더 나은 명성 시장에 내놓아 높은 지명도를 얻을 수 있다.

그밖에 비록 다른 사람의 힘을 빌리기는 하지만 유명인들과 관계를 맺음으로써 신속하게 명성을 얻는 방법이 있다. 이것은 다음을 포함한다.

✔유명인의 추천

오스카상의 최우수 남우 주연이 추천하는 최우수 대역배우, 마이클 조든이 추천하는 최고의 잠재력을 지닌 농구선수 혹은 최고의 유명인과 함께 찍은 사진 등이다. 이 모두는 대중이 느끼는 유명인의 이미지가 명성을 구하는 이들에게 그대로 옮겨져 '유명하다' 라는 인식을 하게 할 수 있다.

✔대회에서의 수상이나 신기록 달성

제4회 리틀 미스월드 1위, 《뉴욕타임스The New York Times》에서 주최하는 문학상에서 올해의 소설 부문 최우수상 획득, 도보로 가장 많은 나라를 여행한 사람 등이다. 이처럼 매체의 주목을 받음으로써 단박에 명성을 얻을 만하다.

✔공익적인 선행

정치인이 실명으로 기부, 찬조, 입양, 공익성을 띤 강연 등을 하는 것을 말한다. 연예인의 자원봉사와 같은 공익적인 선행은 약간의 원가가 필요하지만 그에 따라오는 매체의

보도와 무료 광고 효과 및 전달되는 공익적 이미지 효과 등
은 매우 크다.

✔ 민의에 대한 호소

가장 즐겨 쓰는 방식은 민의조사이다. 어느 대통령 후보가
지지율이 가장 높다든가, 어떤 의제가 대다수 사람에게 가
장 많은 주목을 받으며, 어느 후보의 정견이 그 의제와 완
전히 들어맞는다든가 하는 것 등이다. 이러한 조사는 비록
신뢰도가 의심스럽더라도 늘 매체의 주목을 받는다. 그리
고 조사 기관과 과정에 지나치게 큰 문제만 없다면 거의 언
제나 주요 뉴스로 사람들의 관심을 끌고 하룻밤 사이에 이
름을 얻을 수 있다.

위대한 브랜드는 위대한 제품을 초월한다

코카콜라사 회장은 일찍이 다음과 같이 호언장담하였다. "전
세계의 모든 코카콜라 제조공장이 하룻밤 사이에 재가 된다고 해
도 이 브랜드에 의지하여 새로운 코카콜라 왕국을 다시 세울 수
있다."

이 말은 절대로 빈말이 아니다. 브랜드의 가치만으로도 전세계
투자자를 끌어들여 새로운 생산기지를 세울 수 있는데, 이것은 브

랜드가 모든 고객의 마음을 묶어 놓았기 때문이다.

사실상 '위대한 브랜드'의 가치는 이미 '위대한 제품'을 초월하였다. 브랜드는 이미 일종의 문화 부호가 되고 모종의 생활 방식과 가치관을 이루는 구성 성분이 되어 몸에서 지워낼 수 없기 때문이다.

'위대한 브랜드'를 세우는 방식은 무궁무진할 수 있으나 창의적인 광고와 직원의 직접적인 언행이 가장 간단하고 알맞은 방법일 것이다.

전세계적으로 담배회사는 광고에 많은 제약이 따른다. 그러자 담배회사 '좋은 날'은 이색적인 아이디어를 냈다. 그들은 신문에 다음과 같이 눈에 띄는 큰 제목으로 광고를 했다.

"오늘은 본사 직원 마이클 루이스의 '좋은 날' 입니다!"

그들은 생일을 맞은 직원의 명단과 사진을 공표하고, 그들을 축하하며 생일 선물을 주겠다고 하면서 이 일은 인본주의를 표방하는 회사가 마땅히 해야 할 일이라고 설명했다. 광고는 상품 내용이 전혀 없는 신선한 방법으로 사람들에게 많은 호감을 줌으로써 '좋은 날'을 기억시켰을 뿐만 아니라 나서서 그것을 전파하도록 하였다.

다음으로 직원의 언행에도 전파의 효과가 크다.

지금 사정이 어려워 비록 매체에 광고를 하지 않더라도 직원들이 언행을 통해 자신들이 다니는 회사를 이야기하도록 한다. 그들의 일거수일투족 모두 강력한 전파 효과가 있기 때문이다. 바꾸어 말하면 모든 기업의 이미지는 늘 일하는 직원의 언행으로부터 영향을 받는다. 만약 기업이 직원의 긍정적인 광고 효과를 인식하고 이를 운영하고 강화한다면 기업의 지명도를 높이는 데에 매우 유리하다.

기업의 브랜드 이미지가 형성하는 체계는 승낙과 이행의 두 부분으로 나뉘는데, 그 대부분이 직원의 직접적인 행위로 나타난다. 이것은 반드시 광고와 브랜드에서 직원의 작용하는 역할을 중시해야 한다는 점을 알려준다. 각 기업은 발전 단계와 직원이 브랜드 이미지를 전파하고 광고하는 방식도 다르지만 대체로 다음의 네 단계로 나눌 수 있다.

✔ 제1단계, 직원의 행위규범을 만드는 것에 치중한다.
✔ 제2단계, 직원을 영업의 주체로 삼아 그들 모두의 언행이 기업의 목표를 달성하기 위한 것이 되도록 한다.
✔ 제3단계, 직원을 브랜드 전파의 전도사로 삼아 그들로 하여금 기업 브랜드의 가치를 높인다.
✔ 제4단계, 모든 직원이 개성을 유지하는 동시에 기업의 가치 공유와 사회적 책임을 보여줌으로써 기업의 명예를 높

인다.

제4단계에서는 직장 생활의 진정한 의미가 업무를 통해 사회에 공헌한다는 수준으로 승화함을 의미한다. 사람들은 위와 같은 직원을 접하고는 감화되어 직원과 회사를 신뢰하고 충실한 고객이 된다. 이로써 기업은 최고의 광고 효과를 거둔 것이나 마찬가지다.

일류 회사가 되는 방법은 기업 브랜드 이미지의 창조와 전파를 직원의 회사 생활 및 인생 목표와 유기적으로 결합시키는 것이다. 그리고 직원이 회사에서 충분히 발전할 수 있도록 참여를 유도함으로써 주인 의식을 갖게 하는 것이다. 직원의 긍정적이고 책임감 있는 태도, 언제 어디서나 고객을 위해 생각하는 정신, 친절한 서비스 등이 부지불식간에 기업 브랜드 이미지 창조에 뜻밖의 효과를 얻어낼 수 있다.

약자를 누르고 강자를 부축하기

기업 관리 영역으로 유명한 '나무통 법칙'이 있다. 나무통에 물을 얼마나 담을 수 있느냐는 나무통 내부 벽의 가장 긴 널빤지에 의해 결정되지 않고 바로 나무통의 가장 짧은 나무판에 의해 결정된다는 것이다.

나무통 법칙은 사람이 갖는 부족함과 결점에 착안한 것이다. 법칙에 따르면 사람의 부족함과 결점은 나쁜 것이며, 그래서 늘 그 부족함과 결점을 온갖 수단을 동원하여 고치려고 시도한다.

나무통 법칙과 반대되는 것으로 마태효과를 충분히 적용한 것이 '드러커 법칙'이다.

피터 드러커Peter F. Drucker는 일찍이 《하버드 비즈니스 리뷰Harvard Business Review》지에서 다음과 같이 지적하였다. "열정과 돈과 시간은 마땅히 우수한 사람이 탁월한 스타가 되는 데에 쓰여야 한다. 무능한 일꾼이 보통의 일꾼이 되는 데에 쓰여서는 안 된다."

즉, 노력은 무능한 사람이 기능을 개선하는 데에 낭비하지 말고 우수한 인물이 지닌 재능을 더욱 탁월하게 만드는 데에 써야 한다는 것이다. 우수한 사람을 탁월한 사람으로 변모시키는 것이 무능한 사람을 보통 사람으로 변모시키는 것보다 얼마나 많은 정력과 금전과 시간을 절약할 수 있는지 확실히는 모른다. 그러나 드러커의 관점은 보편적으로 받아들여진다.

드러커 법칙에서 주목하는 것은 인간의 성장발전이다.

조직 혹은 개인은 온갖 방법으로 조건을 만들어 열정과 돈, 시간 모두를 장점을 발휘하는 데에 사용해야 하며, 결점이 장점의 발휘를 방해하지 않도록 해야 한다. 또한, 드러커는 나쁜 습관은 성과를 방해하기 때문에 반드시 고쳐야 한다고 경고한다. 다만, 당신이 어떤 방면의 결점이나 부족한 점을 겨우 보통 수준으로 높이고자 너무 많은 힘을 들이지는 말아야 한다고 한다. 그렇게 하다가는 개선된 것이 당신의 능력이 되지 않고 오히려 자기 자신을 잃게 할 가능성이 크기 때문이다.

그러므로 기업의 자원 분배에서 마태효과는 '계속해서 좋은 일만이 나타나는' 강점을 더욱 강화하려는 것을 요구하지 '급한 불부터 우선 끄고 보자!'라는 식으로 기업의 약점을 처리하는 방식을 원치 않는다.

예를 들면, 어떤 기업에 여러 사업부가 있다고 할 때 많은 경우는 자원의 분배에서 늘 '강자를 누르고 약자를 부축하는' 전략을 채택하여 업적이 좋은 사업 부문의 자원을 빼내어 실적이 나쁜 사업 부문에 보충해준다.

그러나 마태효과에 근거해 기업은 마땅히 실적이 나쁘고 전망이 없는 사업 부문의 자원을 대폭 줄여야 하며, 업적이 좋거나 전망이 있는 사업에 대해서는 더 많은 자원을 제공해야 한다. 그렇게 하면 기업 본래의 강점을 강화해 전체 업적도 더욱 좋아질 것이다. 다시 말하면 기업 경영에서 '약자를 누르고 강자를 부축하는' 원칙을 반드시 취해야 한다.

인재가 경쟁력이다

지식 경제는 인재가 주권을 가지는 시대로서 한 인재가 독식하는 시대이기도 하다. 인재가 주권을 가지는 시대란, 이 시대에서 인재가 더 많은 취업 선택권과 직무의 자주적 결정권을 가지는 것을 가리킨다. 한편, 자본도 끊임없이 지식을 좇고 인재를 찾으려는 인재의 집중 효과를 이룬다. 기업의 인수가 되었든, 합병이 되었든 간에 어느 정도에서는 기업의 인수라기보다는 인재의 인수로 볼 수 있다.

미국 경제의 발전은 인재 집중의 좋은 예이다. 통계에 따르면 미국의 대학 입학은 보편화하여 입학률이 1996년에만 81퍼센트에 이르러 세계 최고이며, 1995년 미국 인구 10만 명당 대학생은 5,341명이다.

미국은 적극적으로 자국의 인력을 개발하는 동시에 또 온갖 방법으로 외국의 인재를 흡수한다. 외국 특히 개발도상국에서 높은 보수로 인재를 발굴하고 데려오며, 다른 한편으로는 유학생을 널리 모집하고 후한 대우 및 앞선 실험실과 풍부한 문헌자료를 제공함으로써 미국에 남는 우수한 유학생의 수를 급속히 증가시킨다.

1991년에서 1992년까지 미국에 유학한 외국인은 약 60만 명인데 그 중 65퍼센트가 졸업한 후에도 계속 체류하여 미국 국적을 취득했다. 탁월한 교육 시스템을 바탕으로 세계의 우수 인재를 널리 모으는 정책과 조치가 많은 인재를 미국에 집중시킨다. 바로 이러한 인재의 집중 효과가 미국 경제를 8년 동안 지속적으로 발전하게 하였으며, 미국 GDP의 비중을 1990년에 24퍼센트였던 것이 1998년에는 29퍼센트까지 올려 세계에서 유일한 초강대국이 되게 만들었다.

회사의 발전 역시 이와 같은 궤도를 따른다. 우월한 대우와 좋은 문화, 그리고 빛나는 전망은 모두 인재를 흡수하는 중요한 요소이다. 만약 회사가 그러한 상황이면 자동으로 인재가 몰릴 것이다. 반면에 수익이 적고 미래가 불투명하다면 눈을 멀쩡히 뜨고도 인재의 대량 유실을 바라볼 수밖에 없으며, 인재의 부족은 회사를 내리막길로 걷게 한다.

오랫동안 침체기를 겪었던 미국의 제약회사가 다시 시장에 등장하였다. 이번에 그들이 고객에게 내놓은 제품은 페닐프로판올아민 PPA이 함유되지 않은 감기약이었다. 이 제약회사는 금지약물 파동으로 매우 위태로운 상황에서도 한 명의 직원도 내보내지 않았고, 한 푼도 줄지 않은 월급을 주면서도 장기 휴가를 보내려 했다. 그러자 위로는 최고 경영자부터 아래로는 일반 직원에 이르기까지 모두가 한마음 한뜻이 되어 무보수로 시간 외 근무를 하면서 어떠한 대가도 바라지 않는 독특한 기업 문화와 응집력이 형성되었다.

사방에서 찾아보면 인본주의를 내세우며 '직원이 하늘'임을 표방하는 기업이 어찌 수천수만 곳에 그치겠는가? 그러나 대다수는 말뿐이고 진정으로 행동으로 옮기는 곳은 매우 적다. 그런 기업은 직원을 저렴한 노동력으로 삼아 온갖 수단으로 직원의 땀을 짜내고 권리를 침해한다.

그들의 눈에는 직원은 단지 돈 버는 도구일 뿐이며, 동정심이라고는 없어 일단 회사에 무슨 어려움만 발생하면 직원을 홍수나 맹수로 여겨 깡그리 쫓아낸다. 그러고는 습관적으로 "기업은 수용소가 아니다. 먹고 마시기만 하라고 거저 줄 돈이 어디 있는가"라고 말한다. 해고라는 것은 양날의 칼과 같아 신중하게 쓰지 않으면 직원을 해칠 뿐 아니라 자신도 해치며 기업도 악순환에 빠져 영원히 헤어날 수 없게 되리라는 것을 어찌 모르는가!

1930년대 미국의 대공황 시기에 포드사가 큰 곤경에 처했었는데, 한 이사회 석상에서 포드는 중론을 거스르며 한 사람도 감원하지 않고 자신도 단 1달러의 월급만 받기로 하였다. 회의 참석자가 회의실을 나올 때 그들은 모두 놀랐다. 전 회사의 등불이 환히 빛나고 모든 직원이 작업장을 지키면서 시간 외 근무를 자원하고 대가를 바라지 않고 근무하겠다고 나섰던 것이다. 포드는 크게 감동하였고, 모든 이사들도 뜨거운 눈물을 흘렸다. 그로부터 3년이 지났을 때는 전 직원의 노력에 힘입은 포드사가 마침내 미국 자동차 시장의 맹주가 되어 굳건히 최고 자리를 차지했다.

사람은 생산력 가운데 가장 핵심적으로 활약하는 요소이며, 기업의 생존과 발전이 달린 근본이다. 그렇다면 기업은 어떻게 인재를 끌어들이고 잡아두어 인재의 집중 효과를 얻을 것인가?

실제로 증명된 것을 보면 성공한 기업은 인재에게 있어 마치 '자석'과도 같다. 코카콜라사, 모건 스탠리Morgan Stanley, 노키아Nokia는 모두 좋은 이미지로 인재를 흡수하였다. 대단히 매력적인 제품과 유명한 브랜드로부터 창출된 좋은 이미지는 사람들의 마음에 높은 권위와 명성을 심어주며 나아가 그들이 기꺼이 재능을 바치게 한다.

훌륭한 인재를 쓰려면 관념의 쇄신이 필요하다. 단순히 인재를 사용하는 데에 그치지 않고 그들 인재가 실력을 발휘할 여지를 만들어주어야 한다. 성공한 기업가가 되는 일은 새벽에 출근해서 밤늦게 퇴근하며 시간 외로 근무하는 데에 있지 않고, 어떻게 직원과 인재를 충분히 적절한 위치에 배치하느냐의 적극성과 창조성에 있다. 한 미국 기업가가 말했듯이 리더는 악단의 지휘자와 같아서 지휘를 잘할 때 감동적인 곡을 연주할 수 있고, 그렇지 않으면 아무 일도 안 된다.

지식이 폭발하는 시대에 인재라는 개념은 시간성을 포함하고 있다. 기업은 시장 경쟁에서 패하지 않으려면 인재를 양성하고 모아 끊임없이 이어지도록 등용해야 한다.

마태효과 3

경계해야 할 마태효과의 거품

마태효과를 진실로 이해하는 사람은 당장 나타나지 않고 숨어있는 위험이라도 절대로 가볍게 보지 않는다. 그는 다가올 미래의 이익을 위해서는 반드시 눈앞의 작은 이익을 버려야만 한다는 것도 알고 있다. 또한, 모든 사물은 서로 내재한 바가 있음을 잘 알며, 몇 차례 전투의 승리가 한 차례 전쟁의 승리보다 못 하다는 것도 안다.

승리의 진정한 의미

뛰어난 실력을 지닌 당구 고수의 게임을 당신이 보았다면 다음과 같은 놀라운 점을 발견할 것이다. 입이 벌어지고 혀를 내두를 만한 대단한 기술을 보여주지 않는 고수의 게임을 보면서, 당구가 매우 쉬운 게임처럼 느껴지고, 그들처럼 할 수 있을 것이라고 생각한다.

당구를 칠 줄 아는 사람은 모두가 알듯이, 반복해서 연습만 한다면 그리 어렵지 않게 정확하게 공을 칠 수가 있다. 그러나 어려운 것은 다음에 칠 때를 미리 생각하고 이번 타수의 공을 조절하는 일이다. 고수는 다음 공이 이번에 어떻게 치는가에 달렸음을 안다. 따라서 당장 눈앞에 보이는 것이나 큐로 치기에 좋은 위치에 있다고 해서 생각 없이 달려들지는 않는다. 즉, 고수는 지금의 공을 칠 때 반드시 다음 공을 어떻게 칠 것인가를 고려한다. 그렇지 않으면 이어지는 공마다 점점 처리하기 어렵게 될 것이다.

당신이 자기 공을 조절하지 않거나 나아가는 방향을 전혀 고려하지 않으면 즉시 마태효과의 부정적 효과에 빠져들 것이다. 그리고 모든 어려움이 점점 더 심해져서 해결할 수 없을 지경에 이르게 된다. 뒤늦게 당신이 어리석은 결정을 했다고 처음으로 느꼈을지라도 그건 결코 첫 번째가 아니다. 이전의 어리석은 행동이 몰고 온 후유증이거나, 당신이 무시한 작은 것이 가져온 것일 수 있는 일련의 상황이다.

미래를 고려하지 않고, 어떤 일이 다른 일에 미칠 영향을 의식하지 않은 채 행동을 취한다면, 더욱이 심사숙고 없이 결정을 내린다면 이 모두는 자기 공의 방향을 고려하지 않는 어리석은 행위이다.

되는 대로 맡긴다면 해결 불가능한 상황에 빠지고, 그때에 가서 당신이 줄곧 득의만면해했던 각종 승리가 사실은 자기를 해칠 지뢰였음을 발견하게 될 것이다. 그러나 애석하게도 때늦은 깨달음으로 자기가 깔아놓은 지뢰 지역에 들어가 꼼짝하기 어렵게 된다. '닭을 잡아 알을 얻는' 식의 안목이 짧은 경영 방식과 인간관계 소홀, 그리고 성격상의 문제는 끝내 모두 당신을 망쳐놓을 것은 자명하다.

한 남자아이가 친구들의 조롱을 받았다. 10전짜리 작은 동전 하나와 5전짜리 큰 동전 하나 중에서 고르라고 할 때마다 늘 5전짜리 큰 동전을 골랐기 때문에 모두가 조롱했던 것이다.

한 친구가 그를 불쌍하게 여겨 말했다. "내가 일러주는데, 10전짜리 동전은 비록 5전짜리보다 약간 작지만 그 가치는 5전짜리의 두 배야. 그러니 10전짜리를 골라라."

그러나 그 아이는 대답했다. "만약 내가 10전짜리 동전을 고르면 다음에는 돈을 가지고 내게 고르라고 하지 않을 거야."

그 아이는 5전짜리를 골라야 계속해서 돈을 얻을 수 있다는 것을 알고 있었다. 10전짜리를 고르면 당장에 이익은 있을지라도 실제로는 좋은 방법이 아니다. 이것이 긴 안목을 보는 가장 좋은 예이다.

전술을 운영하는 목적은 '중요한 전략 목표를 쟁취함'에 있다. 일단의 사람들은 전술 목표를 최후의 목표로 간주하고 나면 정작 전략 목표는 보지 못한다. 계약을 맺을 때, 때로는 양쪽이 모두 후퇴를 위한 공격이나 공격을 위한 후퇴의 전술을 사용할 수 있는데, 그때 당신은 계약의 최종 목표를 잊어서는 안 된다. 그때그때 처한 행동 환경과 실제 상황의 처리에 경각심을 높여야 한다. 특히, 자기가 반드시 승리한다고 여길 때에 그렇다.

끊임없이 승리할 수 있는 실력 쌓기

에페이로스의 왕 피로스Pyrrhos는 피비린내 나는 전쟁에서 최후의 승리를 거두었으나 태반의 정예부대를 잃었다. 시체가 널린 전장을 보며 그는 탄식하며 말했다. "다시 이런 승리를 한다면 나는 끝이다."

예나 지금이나 어느 수준에 이른 걸출한 인물은 모두 마태효과를 얻는다. 그러나 마태효과가 가져다주는 승리에 정확하게 대처하지 못하고서 온통 화환과 박수와 매체의 칭찬에 도취한다면 바로 그때부터 정체되고 발전하지 못할 가능성이 매우 크다. 심지어 심각한 대가를 치를 가능성도 있다.

현대 유명인의 가장 큰 위기는 명실상부名實相符하지 않는 데에 있다. 비록 유명인이 여러 무대에 가득하지만, 대중의 유명인에 대한 태도는 이미 존경이 아닌 일종의 감상이나 소비로 바뀌었으며, 그 지위는 즉석식품처럼 오르내린다.

겨우 몇 편의 영화에 출연하고 몇 개의 상을 받은 배우나 몇 편의 논문을 발표해 성과를 올린 과학자, 얼마만큼의 치적을 거둔 정치인들은 계속해서 노력할 생각은 하지 않고, 자기를 드러내기에 급급하고 이미지를 만드는 데에 열중한다. 그리고 부단히 이미지를 만들고자 매체와 사교적 장소만을 오가는데, 이미 그 순간부터 내리막길을 걸을 가능성이 있다.

실적이 우수한 기업이나 승자는 매체의 눈에 항상 사랑받는 존재가 아니다. 그들이 전성기일 때는 자연스럽게 많은 기자가 그들을 둘러싸고 모여들지만, 위기의 징조가 나타나면 바로 창끝을 돌려 반격을 가한다. 반성, 실상 파악, 비판의 역할을 맡는 본래의 직업윤리를 드러내고 만다.

또한, 매체가 만들어낸 이미지는 맥주의 거품처럼 금방 사라지는 성분이 있다. 이것은 매체의 특징인 떠들어대기에 의한 것으로서 개인이 좌지우지하기는 어렵다. 당신이 할 수 있는 유일한 일은 정신을 가다듬고 매체를 가까이하지 않으며 일에 전념하는 것뿐이다.

그러므로 어렵사리 명성을 얻은 사람은 반드시 끊임없이 새로운 것을 창조하고 발전을 추구해야 한다. 끊임없이 신선하고 진실한 재료의 소고기를 매체의 식탁에 제공해야만 한다. 명실상부해야 할 뿐만 아니라 더욱 뛰어나야 하며 시대 조류를 따라가야만 비로소 도태당하는 운명을 피할 수 있다.

물론 우리가 어떤 큰일을 이루고자 반드시 '세상과 격리'되어 외부와의 관계를 단절해야 한다는 말은 아니다. 자기를 잘 억제하여 수많은 유혹을 뿌리치고 하고자 하는 사업에 최대한으로 전심 전력해야 한다는 말이다. 그래도 만약 사회적인 통념과 언론 매체가 '살펴주지' 않거나 이해해주지 않는다면 '매정한' 선택을 할 수밖에 없다.

성공은 승리를 의미하지만 승리가 반드시 성공을 의미하지는
않는다. 관건은 그 승리를 어떻게 거두었는가, 그리고 그 승리가
각 방면의 자원을 증가시켰는가이다. 한 사람은 장사로 천만 원을
벌었고 다른 한 사람은 복권에 당첨되어 천만 원을 벌었을 때, 수
입으로 보자면 같을지라도 담긴 가치는 다른 것이다.

전자는 경험을 축적하고 자신감을 강화했으며, 그 덕분에 판로
를 열고 많은 부가가치를 얻었다. 그러나 후자는 천만 원 외에 아
무 소득도 없다. 만약 후자가 우연히 얻은 승리에서 잘못된 인식
을 하게 되어, 자기는 복권으로 돈을 벌 수 있다고만 여기게 되었
다면 그 승리는 해로운 것이 된다. 그루터기를 지키고 앉아 토끼
가 또다시 걸리기만을 기다린 농부를 상상해보라. 한 차례의 행운
때문에 자기의 농토를 황폐화시킨 것이 아니겠는가!

마태효과는 우리에게 다음과 같은 것을 가르쳐준다.

승리는 우리의 자원을 증가시켜주고 우리가 재차 성공할 가능
성을 높여준다. 바꿔 말하면 우리는 지속적으로 '부가가치'를 가
져다줄 승리를 노려야 한다. 이 원칙은 승리할 뿐만 아니라 정확
한 방식과 수단으로 승리할 것을 우리에게 요구한다.

진실로 마태효과를 이해하는 사람은 당장 나타나지 않고 숨어
있는 위험이라도 절대로 가볍게 보지 않는다. 다가올 미래의 이익

을 위해서는 눈앞의 작은 이익을 포기하며, 모든 사물은 내재한 바가 있음을 잘 안다. 그는 몇 차례 전투의 승리가 한 차례 전쟁의 승리보다 못 하다는 것을 이해하고, 어떻게 공을 쳐야 하는지를 알며, 다음에 어떻게 공을 가격加擊하고 최후의 일격을 위해 준비할지를 안다.

승리는 신나는 일이다. 그러나 그것만으로는 부족하다. 당신이 바라는 것은 단지 한 번의 승리로 끝나는 것이 아니라 그 승리가 끊임없이 승리할 수 있는 출발이 되는 것이다.

나쁜 친구는 썩은 사과와 같다

대인 관계를 확대할 때에 마태효과의 부정적인 효과를 벗어나려면 절대로 잊지 말아야 할 것이 있다. 그것은 친구를 신중히 선택하지 않으면 나중에 큰 골칫거리가 될 수 있다는 것이다.

특히, 사업을 시작하는 초기에 당신은 친구를 찾을 필요가 있을 것이다. 그러나 절대 주의할 것은 유해무익有害無益한 친구를 사귀어 흙탕물에 끌려들어 가지 말아야 한다는 점이다.

우리가 속한 환경과 친구는 일생에 막대한 영향을 미친다. 어떤 친구를 사귀는가에 따라 운명을 결정짓는다고 말할 수 있다. 따라서 친구를 선택할 때에는 낙관적이고 긍정적이며, 진취적이고 품격이 고상하거나 재능이 출중한 사람과 사귀도록 노력해야 한다. 그렇게 해야만 비로소 당신이 발전할 수 있는 좋은 환경을 가지고, 친구로부터 더욱 좋은 정신적 양식과 진정한 도움을 얻을 수 있다.

그와 반대로 생각이 부정적이며 품성과 행동이 비열하고 악한 사람과 사귀면 당신은 나쁜 환경에 빠져 벗어나지 못하고 심지어 친구와 관련되어 억울한 피해자가 될 수 있다.

당신이 이미 나쁜 친구를 사귀었다면 즉각 경원敬遠하는 태도를 가져라. 썩은 사과를 광주리 안에 놓아두면 사과 모두를 썩히고 만다.

자신을 존중하지 않으면 남을 존경할 수 없듯이 자신을 존중하고 아끼는 친구를 사귀어야 한다. 더불어 자신을 존중하고 이해하는 친구라면 서로 존중할 것임을 믿어 의심치 않는다. 따라서 몸과 마음이 건강한 사람과 교제하면 그로부터 존중을 받을 수 있을 뿐만 아니라 자신의 건강한 몸과 마음을 촉진하고 품성을 수양할 수 있다.

심신이 건강한 사람은 보통 강한 개인의식이 있으며, 남의 의견에 쉽게 부화附和하지 않는다. 그들은 자신에게 충실할 수 있을 뿐만 아니라 친구에게도 충실할 수 있는 성실한 면을 갖고 있다. 또 그들은 마음상태가 늘 안정적이며 다른 사람에게 부드럽게 대하고 유쾌하게 지낸다. 안정되고 즐거운 가정 생활을 하며 존경과 사랑을 받는다. 그들은 일에 힘쓰고 의지가 굳으며 경제적으로 독립할 능력이 있다. 자신을 잘 통제하며 자신의 결점에 대해 비관하지 않으며, 과거와 현재 생활을 즐기고 미래에 대해서도 희망에 차있다. 그러므로 어렵지 않게 사업에 성공한다. 더불어 그들은 직장에서 자신의 직무를 다할 뿐만 아니라, 인생 여로에서 진정한 즐거움을 누린다.

만약 당신 자신이 그런 사람이라면 남이 당신과 같은 성격을 지녔는지를 틀림없이 분별해낼 수 있을 것이다.

신용은 곧 성공이다

신용은 커다란 수입이며 배신은 커다란 지출이다. 배신의 대가는 그 어떤 잘못보다도 더 크다. 한번 심각하게 신용을 잃으면 믿음과 명예가 사라져 다시 좋은 관계를 맺기 어렵다. 따라서 신용이 떨어지는 마태효과에 들어가면 끝없는 곤경에 빠지게 될 수 있다.

미국의 석유 회사인 엑슨 모빌Exxon Mobil사가 환경에 대해 많은 노력을 기울임에도 대다수의 사람은 이 회사가 알래스카의 발디즈에서 석유를 누출한 중대한 잘못을 기억한다. 엑슨 모빌사는 광고를 통해 자신들이 환경 보호를 위해 노력하고 있다는 것을 알리려 하였으나 대다수가 의도된 속임수라고 여길 것이라 판단했다. 엑슨 모빌사는 그 파장이 빨리 끝나기만을 고대했을 뿐이다.

콘래드 힐튼Conrad N. Hilton은 호텔에서 세 가지 중요한 요소는 '위치 · 위치 · 위치'라는 유명한 논단을 내렸다. 그처럼 기업에 필요한 세 가지 사항은 '신용 · 신용 · 신용'이라고 말할 수 있다.

언제부터인가 기업 경영자의 인식에는 중대한 잘못이 존재했다. 그들은 고의로 주주와 고객, 정부에 그릇된 정보를 전하며 온갖 속임수로 돈을 벌었다. 많은 '위대한' 기업가가 이전의 사기꾼 같은 자본가보다 근본적으로 나을 바가 없었음에도, 사람들은 일거리 때문에 달리 선택의 여지가 없었다. 심지어 공휴일에도 밥을 지을 쌀을 마련하려고 회사에 영혼을 팔아야 했다.

현대 사회에서 시들지 않는 명성을 유지하고 있는 회사는 매우 드물다. 시장의 힘과 현대의 기업 제국(특히 정부), 경영의 복잡성으로 기업의 관리가 순탄할 수만은 없고, 언제 어느 때에라도 암초를 만날 수 있다.

그래서 점점 더 많은 기업이 자신들의 신용에 주목하고, 다른 문제와 마찬가지로 그것을 전문적으로 관리할 필요가 있다는 점을 의식하기 시작했다. 그들은 점차로 신용이 즉, 주식의 가치, 인재의 유실과 확보, 재무 관계, 고객 관계, 대리점 관계에 영향을 미친다는 것을 인식한 것이다.

　몇몇 우수한 회사는 '남들이 자신들을 어떻게 보는가' 라는 신용에 관한 또 다른 중요한 진리를 발견하였다. 특히, 회사가 인재를 고용하고 유지하는 면에서의 능력에서 그렇다.

　따라서 당신이 인재를 끌어들이는 자석이 되고 싶다면 먼저 남이 어떻게 자신을 보는지 관심을 두어야 한다. 설사 그들이 당신을 바라보는 생각이 틀렸다고 하여도 대처할 방법이 없으며 비용을 투입해도 별달리 큰 도움이 못 될 것이다.

　100년 가까이 지속해온 포드사와 파이어스톤Firestone사의 제휴 관계가 타이어의 결함 문제를 시발점으로 서로 잘못만을 탓하다가 전격 중단되었다. 원인을 떠나 벗어나기 어려운 오명을 얻게 된 파이어스톤사가 다시 고객을 끌어들인다는 것은 매우 어렵게 되었고, 새 직원을 고용하는 것은 더 말할 나위도 없다. 누구도 그런 오명을 좋아할 회사는 없다.

　아메리카 온라인AOL은 '인터넷 업계에서 가장 형편없는 곳' 이라고 비난받으며, 그 회사의 소프트웨어 역시 '지옥 같은 제품' 으로 불린다. 그러니 그 누가 AOL의 모든 광고를 본 척이라도 하겠는가?

　당신에게 높은 신용이 있다면 그것은 당신의 재무 분석가와 투자자, 고급 관리자의 요구를 만족시킬 수 있을 것이다. 더불어 어떤 지역이나 국가의 신용을 등에 업고 나아가 특정 시장에서의 요구도 만족시킬 수 있을 것이다. 만약 이상의 목표에 도달할 수 있다면 비록 한 시장에서의 신용이 좋지 않더라도 다른 시장의 신용에 영향을 미치지 않을 것이고, 최소한 회사의 인재를 끌어들이는 것은 순조로이 진행될 수 있을 것이다.

모토로라Motorola사는 이 방면에서 좋은 사례가 될 수 있다. 모토로라는 저조한 판매 실적을 내세워 스코틀랜드의 휴대전화 공장을 폐쇄하였다. 이제 스코틀랜드의 어느 누구도 다시는 이 회사의 휴대전화를 사지 않는다. 그러나 멀리 떨어진 아시아에서 모토로라의 신용은 누구도 상대할 적수가 없다. 교육과 자기 발전을 해당지역 인재 모집에서 중심 주제로 삼아 일찍부터 아시아에 투자하기 시작한 모토로라는 해당 지역 노동자로부터 최고로 선호하는 회사가 되었다. 필립 모리스Philip Morris 역시 마찬가지다. 구미歐美 대다수 지역에서 대학을 나온 졸업생은 이 회사를 꺼린다. 사람의 건강에 위해危害를 가하는 담배를 생산하는 일이 부도덕한 기업의 행위이며 문제가 있다는 것이다. 그러나 발트 해에 위치한 국가인 에스토니아에서 필립 모리스는 가장 일하고 싶어 하는 곳이다. 필립 모리스는 에스토니아의 우수한 대학 졸업생에게 빠른 승진 기회와 최고의 교육, 그리고 외국에서 일할 기회를 제공한다. 에스토니아의 수도 탈린에 있는 탈린대학교 경제학 수업에서는 "거대한 다국적 회사에서 커피를 마셔가며 밤늦게까지 일하는 것이 얼마나 힘든가?"라는 말은 들을 수 없을 정도이다.

'최고에 오르는 것'은 항상 사람들의 많은 관심 속에 있다. 그리고 수많은 난관을 극복하고 경지에 오르게 된다. 그러나 그렇게 얻은 신용도 하룻밤에 사라질 수 있다. 단지 당신이 속한 집단에서 한두 명 정도 불만을 가진 사람이 나온다면 말이다. 신용은 그렇게 한순간을 견디지 못한다. 예를 들어, 한 회사의 주주가 된 처지에서 보기에 우리 회사가 지속적으로 성장한다고 말해도, 다른 사람의 마음속에는 완전히 다른 생각이 들어있을 수 있다. 따라서 사업을 지속하고자 하는 기업에는 마태효과의 긍정적인 효과에 들어가고 부정적인 효과가 나타나는 것을 미리 방지하는 것이 무엇보다 중요한 일이다.

호랑이의 위세를 빌린 여우

요한슨은 뉴욕의 큰 신문사 기자이다. 그는 대학을 졸업하고 2년의 군 복무를 마친 연후에 순조롭게 신문사에서 경제부 기자가 되었다. 요한슨은 자신이 취재하려는 대상은 누구나 어려움 없이 취재할 수 있었다. 덧붙이자면 잘생긴 외모에 큰 신문사의 기자였기에 많은 여자의 주목을 받았다는 점이다.

모든 일이 순조롭게 진행될 때에 한번은 회사의 상관과 의견 충돌이 일어났고, 요한슨은 마음속에 굴욕감을 느꼈다. 그때 작은 신문사가 높은 보수로 요한슨을 스카우트하려 했다. 신문사는 그에게 리포터로 뛰어주기를 원했다.

요한슨은 마음속으로 생각했다. "내가 언론 매체에서 일한 것이 겨우 1년밖에 되지 않았음에도 약간의 이름이 났다. 지금 누군가 50퍼센트의 보수를 더 주며 나를 스카우트하고 내가 원하는 리포터로 뛰라고 하니, 내가 왜 여기에 머물며 답답하게 지내겠는가?" 그러고는 요한슨은 곧 회사를 옮겼다.

요한슨이 작은 신문사로 옮겨 출근한 첫날 이상한 일이 발생했다. 예전 같으면 바로 취재를 약속받을 수 있던 스타와 유명한 CEO들이 모두 일이 있다고 미루면서 따로 시간을 내자고 하였다. 또 요한슨의 책을 내주기로 했던 출판사도 별안간 불경기의 영향으로 출판 계획을 잠시 미룬다고 했다. 심지어 자기만 보면 부드럽게 대했던 사람들도 그의 양복 깃에 단 새 회사 배지를 보더니 마치 빚이라도 진 것처럼 안면을 바꾸는 것이었다.

순간적으로 온 세계가 모두 덤벼들기라도 하듯이 요한슨을 모르는 양 변하였다. 당연히 요한슨의 업적은 예전과 같지 않았으므로 늘 사장의 차가운 눈초리를 받았다.

요한슨은 답답하였으나 자기가 '호랑이의 위세를 빌린 여우'와 같았음을 몰랐다. 전에 사람들이 보여주었던 존중과 사랑이, 그의 배후에 큰 언론 매체가 지닌 여론의 힘에 의한 것이지, 자신의 전문성과 쌓아놓은 대인 관계에 의한 것이 아니라는 사실을 몰랐던 것이다.

이와 같이 때로 한 개인의 신분과 지위를 결정하는 것은 그의 재능과 가치가 아니고 그 배후에 숨어있는 자원이다. 누구라도 성공하려면 반드시 충분한 자원을 가져야 한다.

마태
효과 4

마태효과의 **병목** 현상 **벗어**나기

사회에 첫 발을 내디딘 순간 제일 먼저 따르는 문제
는 오랜 경험을 통해 쌓은 지식을 가진 상대와 경쟁
하는 어려움이다. 하지만, 힘든 첫걸음이라도 반드
시 내딛어 마태효과의 선순환 안에 들어가야 한다.

성공으로 가는 첫걸음

'출발이 좋으면 절반은 성공이다' 라는 말을 우리는 모두 익숙하게 들어왔다. 그러나 대부분 좋은 출발을 하지 못한다.

우리 생활에 영향을 미치는 가장 중요한 요소인 일은 소득 수준과 사회적 지위, 자아실현의 정도를 나타낸다. 또 우리의 생활이 어떠할지, 어떤 사람과 왕래할지, 일에서 어떤 즐거움을 얻을지도 결정한다.

그러나 이렇게 중요한 일에 대해 사람들은 항상 준비가 부족하다. 장기적이든, 일상적인 일이든 간에 많은 사람은 적당히 처리하고 하늘의 운명을 따르려는 태도를 보인다. 그러면서 무슨 '좋은 출발' 을 생각할 수 있겠는가?

마태복음에서 어떻게 말했던가를 회상해보자. "가진 자는 더 받아 넉넉해지고 가진 것이 없는 자는 있는 것마저 빼앗길 것이다"라고 하였다.

다른 사람보다 앞서 일보 선행을 이룬 당신에게는 후발주자들이 맹렬히 뒤를 쫓고 있다. 그러나 그들은 더 많은 노력을 해야 당신을 앞설 수 있기에 많은 어려움이 따른다. 성공한 사람은 모두 좋은 '출발점'을 갖고 있고, '출발이 좋으면 절반이 성공이다' 라는 말은 되풀이해서 이야기해도 모자랄 만큼 가치가 있다.

그러면 어떻게 해야 좋은 출발을 할 수 있는가?

성공한 사람이 가진 좋은 출발은 충분한 사전 준비와 즉각적인 행동을 취하는 정신에서 비롯된다는 것을 당신은 알게 될 것이다.

성공학의 대가 카네기는 "좋은 출발은 충분한 사전 준비에서 오며, 충분한 사전 준비는 상세한 사전 계획에서 오며, 상세한 사전 계획은 앞을 내다보는 사고에서 온다" 라고 말했다.

앞을 내다보는 사고와 충분한 시간을 가지고 준비한다면 하고자 하는 모든 일에 좋은 성과를 거둘 것이다. 매일 준비하고, 매일 하는 일을 모두 미래에 다가올 일에 대한 대비로 삼아야 한다. 당신이 충분한 준비를 한다면 기회는 당신 것이지만, 만약 준비하지 않는다면 어떠한 기회도 당신 것이 아니다.

기업의 리더는 대부분 준비가 충분하고 출발이 다른 사람보다 비교적 빠르다. 물론 출발이 비교적 빠르다고 다른 사람보다 더 잘하는 것은 아니다. 그러나 준비가 충분하고 출발이 빠르면 잘못을 바로잡을 수 있는 더 많은 기회를 얻는다.

만약 당신의 출발이 남보다 늦다고 판단되면 당장이라도 시작하고 행동을 취하라. 또한, 매일 남보다 더 많이, 더 잘해야 한다. 그리고 어느 곳이든 미개척 영역이 있게 마련이므로 남들보다 먼저 그것을 어떻게 찾을지를 생각해야 한다. 그것이 앞을 내다보는 사고이다. 모든 일을 함에 남보다 한걸음 빨라야 하며 남보다 더 신속하게 미래의 동태와 정보, 추세를 파악해야 한다. 이것들이 승자가 지닌 신념이고 사고하는 방식이며 비결이기도 하다. 즉, 당신이 무슨 일을 하든 반드시 '좋은 출발'을 해야 한다.

주도적이고 자발적으로 일하며 책임을 지라

수공업 시대에는 한 가지 재주를 배우려고 품삯도 받지 않고 여러 해 동안 스승을 모셨지만, 누구 하나 이를 전혀 원망하지 않았다.

지혜롭지 못한 리더는 우리의 노력에 관심을 두려 하지 않으며 또 그에 상응하는 보답도 하지 않는다는 것을 곧 깨닫게 된다. 그렇더라도 상심할 필요는 없다. 우리는 지금의 노력이 즉각적인 보답을 위해서가 아니라 미래를 위해서라고 달리 생각할 수 있다. 우리가 일에 전념하는 것은 남을 위해서가 아니고 자신을 위해서이다. 인생은 단지 현재만 있는 것이 아니고 더 긴 미래가 있기 때문이다.

사람은 일을 통하여 학습하며, 경험과 지식 및 자신감을 얻을 수 있다. 당신의 열정이 크고 결심이 굳을수록 일의 효율성은 높아지고, 그것을 바탕으로 출근길이 결코 힘든 일이 아니며, 일은 하나의 즐거움으로 변할 것이다. 또 많은 사람이 당신이 좋아하는 일을 해달라고 요청할 것이다.

러스킨John Ruskin은 "일을 통해서만이 정신적인 건강을 보장할 수 있고, 일하는 중에도 끊임없이 사고해야만 그 일이 비로소 유쾌해진다. 양자는 밀접한 불가분의 관계이다"라고 말했다.

사회에 첫발을 내딛는 젊은이는 가장 기초적이고 기본적인 업무를 학습하고 담당해야 한다. 크게 성공한 사람은 하룻밤 사이에 이름을 얻은 것이 아니다. 그들 역시 처음에는 사소하고 단조로운 일부터 시작했고, 아무도 모르게 묵묵히 긴 시간을 노력해서 얻은 결과이다.

성공은 노력이 축적된 결과로, 어떤 업종에서든 최고에 오르려면 끊임없는 노력과 세밀한 계획이 필요하다. 성공의 가장 높은 단계에 오르려면 지속적으로 솔선수범하는 자세를 유지해야 한다. 설령 눈앞의 일이 도전성이 없고 전혀 즐겁지 않은 일이라도 그런 자세를 유지한다면 다가올 미래에는 리더의 자리에 오를 수 있다. 막중한 권한을 가진 리더의 자리에 오른 사람들은 스스로 책임질 일에 행동으로 보여 남들로부터 신뢰할 만하다는 것을 증명했기에 가능했다.

주도적이고 자발적으로 일하며 동시에 자기가 한 일에 책임을 지라. 성공한 사람과 성공하지 못한 사람 사이의 근본적인 차이는 자신의 행위에 대한 책임을 질 줄 아는지 모르는가에 있다. 즉, 성공한 사람은 무슨 일이든 주도적으로 해결하고 자신의 행위에 책임을 져야 한다는 것을 안다.

누구도 당신이 성공을 해야만 한다고 재촉하지 않고, 쉽게 성공하도록 보장하지 않는다. 오직 당신의 노력만이 목표를 달성하고 성공을 보장하며, 그럴 때에야 누구도 당신이 성공으로 가는 길을 저지할 수 없게 된다.

많은 회사가 자기 직원들을 주도적이고 자발적인 사람으로 만들려고 한다. 주도적이고 자발적인 사람은 독립적인 사고력이 있으며 책임지는 것을 두려워하지 않는다. 그들은 남이 시키면 마지못해 하는 사람과는 다르게 창의력을 발휘하며 임무를 완수한다. 그러나 주도적이고 자발적으로 일할 줄 모르는 직원은 정해진 규칙만을 지키고 잘못을 범할까 겁내어 무슨 일이나 회사의 규정에만 맞추려고만 한다. 그들은 시키지 않은 일에는 자신이 참견할 바가 아니고, 일을 한들 별도의 장려금도 없지 않으냐고 자신에게 이른다. 이러한 사고 방식은 완전히 다른 일 처리 모습을 보이게 된다.

성공의 기회는 결국 주도적으로 일을 하는 사람에게 주어진다. 그러나 많은 사람은 근본적으로 그 점을 의식하지 않아 마냥 미루는 습관을 기른다. 당신이 주도적이며 성실하고 뛰어나게 업무를 수행할 때 비로소 성공이 찾아온다. 또한, 고용주도 언제나 주도적으로 일하는 사람을 찾으며 그들이 하는 것에 따라 포상한다.

지금 시작하자! 게을리 미루는 나쁜 습관이 당신 자신에게 있다고 의식될 때 바로 이 말로 자신을 경계해야 한다. 어떤 작은 일부터 시작해도 된다. 일 자체가 그다지 중요하지는 않다. 중요한 것은 하는 일이 없는 나쁜 습관을 깨버리는 데에 있다.

앞을 내다보는 안목과 일보 선행

사람들은 "한걸음 앞서면 내내 앞서고, 한걸음 뒤지면 내내 뒤진다"라고 말한다. 따라서 앞을 내다보는 안목을 갖추고 남보다 앞설 수 있는 것이 매우 중요하다. 자신을 발전시키고 싶은 어떤 부문이나 조직, 개인이라면 반드시 이 점에 노력을 기울여야 한다.

그렇게 하지 않으면 어느 순간 다가오는 계기와 기회가 뚜렷하게 들어오지 않아 정확하게 보기 어렵다. 결국은 '흐름만을 따르는' 흐름 속으로 묻히게 되며, '선행先行'의 길로 매진하기 어렵게 되고 자기 발전에도 많은 제약을 받게 된다.

삶의 이치는 단순하면서도 간략하게 설명되는데, 성공의 공간은 앞서면 앞설수록 더 넓어지고, 빽빽하게 들어찬 사람의 물결 속에서 비벼대면 비벼댈수록 더 좁아진다. 한편, 앞을 내다보는 안목과 일보 선행은 다음 세 방면을 통해 실천된다.

첫째, 움직이는 상태에서 정확하게 사물의 발전 추세를 예견한다.

둘째, 정지된 상태에 때맞춰 사물의 변화 발생을 예견한다.

셋째, 평상적인 일, 생활, 학습 및 우호적인 왕래를 통해 눈에 분명히 들어오지 않는 계기를 잘 발견하고 거기에 담겨있는 가치와 의미를 예견한다. 나아가 그것을 토대로 자신을 충분히 발전시킨다.

세 방면 가운데 앞의 둘은 흔히 중대한 문제에서 실천되며 비교적 어려운 일인데, 이것에는 충분한 이론적 지식이 바탕으로 있어야 하기 때문이다. 그러나 세 번째 것은 우리의 실생활에서 의식적으로 단련하고 사고하기만 하면 빠르게 그 능력을 높일 수 있으며 효과를 볼 수 있다.

사람들은 늘 '기회는 누구에게나 있다. 다만, 그것을 발견하고 장악하는 능력이 중요하다'라고 말한다. 이 말도 위에서 말한 이치와 같다. 조직에서 개인에 이르기까지, 특히 각 부문의 지도자는 무슨 일에서나 앞을 내다보는 안목과 남보다 앞서갈 수 있는 '잠재적 계기'가 있는지를 보고 또 생각하는 일에 능해야 한다. 그리고 '잠재적 계기'가 있다면 무조건 잡고 놓지 말아야 하며 또 그것을 최대한 좋은 성과로 이루어질 수 있게 해야 한다.

만약 늘 그렇게 생각하고 행동한다면 조직이나 개인을 막론하고 시종 앞서가는 위치에서 끊임없이 개척하고 발전할 공간을 가지게 될 것이다.

본질적으로 말하자면 앞을 보는 안목과 일보 선행을 강조하는 것은 어떤 문제에 대해 보다 높은 차원에서 사고思考하기를 말한다. 즉, 시간, 지역, 방법의 제약에서 벗어나 더욱 넓은 각도에서 사고하는 것에 능해야 한다는 것이다. 정말로 그렇게 할 수만 있다면 우리는 분명 언제 어디서나 기선을 잡고 영원히 앞선 위치에 있을 수 있다.

창의력과 독립적인 사고를 유지하라

어떤 대형 광고회사에서 유능한 광고 디자이너를 모집하였다.

회사는 응시자에게 주제와 내용의 제한 없이 백지 한 장에 광고 디자인을 설계한 후에 그것을 창밖으로 던지라고 요구하였다. 창밖에 던져 맨 처음 행인이 주워 보는 디자인의 임자를 뽑는다는 것이었다.

디자이너들이 바삐 움직이기 시작했다. 그들은 머리를 짜내어 멋진 도안을 작성하고, 심지어 어떤 이는 온 정신을 집중하여 유혹적인 그림을 그리기까지 하였다. 모든 응시자가 바삐 일을 진행할 때 한 사람만이 신속하게 만든 디자인을 여유롭게 창밖으로 던지자 행인들이 그것을 서로 차지하려고 다투기 시작했다.

그리고 다른 응시자들이 디자인을 설계하느라 지쳐있을 때, 그는 점잖고도 여유롭게 자리를 고쳐잡아 앉았다. 단지 그는 백지 위에 100달러짜리 지폐 하나를 붙였을 뿐이었다.

이것이 바로 독특한 창의력의 위력이다!

맹목적이고 아무런 개성도 없이 따르는 존재가 되어서도 안 된다. 가장 중요한 것은 자신만의 창의력을 가지는 것이다. 창의력은 당신이 가진 생명력의 발동이다.

당신이 어떤 사람이냐가 당신이 가는 길을 결정짓는다.

IT 업계가 번창할 때 많은 회사가 투자에만 혈안이 되었다. 분명 거품이 많았음에도 모두 새 시대의 구원이라도 받은 것처럼 벌떼처럼 몰려들고 앞다투어 희생양이 되려 하였다.

그들 회사 가운데 진정으로 창의력이 있고 생각이 있는 회사가 몇이나 되었겠는가? 손쉽게도 시장이 우리에게 가장 좋은 답을 주었다. IT 업계에 대한 거품이 사라지자, 마지막까지 살아남은 회사는 겨우 몇뿐이고 대다수 회사는 소리소문없이 사라져 흔적조차 남기지 않았다.

결국, 미래가 자신의 손에 달렸음을 보여준다. 따라서 당신은 끊임없이 경각심을 갖고, 자신의 개성과 창조성을 유지하여 스스로 미래를 장악해야 한다.

개성이 없는 사람은 슬픈 사람이며, 개성이 없는 조직은 단명하게 되어있다.

독립적이고 독창적인 창의력을 가지고 싶다면 우선 남의 말을 듣고 그대로 따라 해서는 안 된다. 남의 엉덩이 뒤를 따라가서는 돈을 줍지 못하는 법이다. 반드시 스스로 독립적으로 사고하는 능력을 키워야 한다.

창의적인 직원은 회사에도 대단히 중요하다. 앞서가는 기업들은 완벽한 지원 시스템을 통해 창의적인 직원들이 매우 왕성하게 발전하고 강대해질 수 있도록 지원한다. 그럼으로써 기업은 계속하여 뛰어난 인재를 보유하여 경쟁력을 유지할 수 있다.

더불어 창의적인 직원에 대한 장려제도는 아무리 강화해도 지나치지 않는다. 만약 그런 제도나 시스템이 없다면 직원의 창조력과 적극성은 타격을 받을 것이며, 그것은 기업에 매우 위험한 일이다. 결국, 앞서가는 기업이 계속해서 발전하는 비밀은 바로 끊임없이 지속하는 창의력에 있다.

어떤 조직에 들어가든 혹은 창업하든, 창의력과 독립적인 사고력을 유지하는 것이 지극히 중요하다. 독립적인 사고에 능하고 또 선행의 비결을 장악하고 있는 사람의 앞날은 분명 빛날 것이다.

바닥에서부터 시작할 필요는 없다

회사에 속해 평범한 사원에 지나지 않았을 때는 각 방면으로 발전 가능한 잠재력을 전혀 보이지 않던 사람이, 창업을 한 후에는 지혜와 능력이 별안간 발전하는 상황을 본 적이 있는가?

스스로 창업하는 꿈을 실현하려면 당신이 가진 자원을 높은 가치를 지닌 일에 전념할 수 있도록 하고, 이어서 거두어들인 가치를 반드시 소유해야 한다. 즉, 인생에서 당신은 가능한 한 일찍 자신의 일에서 파생되어 나온 모든 가치를 소유해야만 한다.

많은 직원을 고용한 기업에서는 부정적인 효과를 일으키기 쉽다. 가령 성공할 자질을 지닌 직원은 직장 동료보다 가진 재능이 몇 배나 높더라도 회사에서는 형평성이라든지 이런저런 이유를 붙여 보수까지 올려주지는 않는다. 따라서 그런 직원은 회사에 존속하기보다는 독립하는 것이 더 유리할 수 있다.

그러나 당신이 회사에서 노력하는 것과 보수 사이에 균형이 맞지 않더라도 배우는 단계에 있다면 독립하는 것은 적절하지 못하다. 회사가 당신에게 많은 것을 가르쳐준다면 그 가치는 부족한 보수보다도 큰 것이기 때문이다. 이런 상황은 사업을 시작한 2, 3년 안에 매우 흔하게 나타난다.

그밖에 다른 상황도 있다. 경험이 풍부한 인재가 새로운 회사에 들어갔는데, 전에 다니던 회사보다 요구 수준이 높아서 마치 '스승 몰래 재주를 배우듯이' 단기간에 더 많은 경험을 쌓고 배우게 되었다. 그리고 판단하기에 지금의 회사에서는 더 배울 것이 없다고 생각했을 때 독립해도 늦지 않다.

한 회사에서 오래도록 있다고 당신에게 더 많은 것을 보장해주지는 않는다. 아니 보장이 있고 없고는 너무 걱정하지 않아도 된다. 당신의 전문 지식과 성공할 수 있는 자질이 성공을 보장하기 때문이다. 물론 오랫동안 남의 아래에서 창업 준비를 하는 것이 잘못이라고는 할 수 없다.

사업을 하다 보면 적자가 나고 경영 상태가 불리한 상황이 오게 마련이다. 그때 당신은 수지의 균형을 맞추려고 노력해야 한다. 출현 가능한 모든 위기와 곤란에 마주치면 당신은 반드시 맞서 싸워 난관을 극복하고 돌파해야 한다. 시장이 가라앉고 사업이 시원찮은 상황에서도 당신은 안정이 될 때까지 전력을 다해 이끌어가야만 한다. 그러려면 당신은 넓은 마음과 현명한 안목을 가져야 한다. 굳게 마음을 다지고 어떠한 어려움에도 절대 물러서지 말아야 한다. 더불어 어떠한 상품을 판매하던 절대 속이려는 마음을 가져서는 안 된다. 모든 지출은 조심스레 집행해야 하며 절대로 허영에 들떠 멋대로 지출해서는 안 된다. 이러한 자세를 견지해나갈 때 비로소 자신의 이름이 널리 알려질 수 있을 것이다. 행동, 사업, 언행, 생각이 모두 자유로운 사람만이 발전 가능성이 크다. 결과적으로 독립해 사업을 준비하는 사람은 반드시 자신을 믿고, 의존하며, 자신을 구원해야 한다. 그렇게 할 수 없다면 회사에 남아 존속하는 편이 낫다.

늘 남에게 의존하며 생활을 유지하는 사람은 자기의 잠재적인 재능을 약화시키기 쉽다. 그런 사람은 매사 누군가의 통제를 받아야 하므로 자신을 발전시킬 수 없다. 고용되어 통제를 받는 것은 허수아비와 같은 생활로 머리를 별로 쓰지 않으며, 스스로 문제에 대해 사고하고 방법을 설계하며 대책을 연구하지 않는다. 매일 정해진 시간에 사무실에 앉아서 윗사람과 아랫사람을 속이기만 하면 된다. 이런 사람은 자신의 재능을 전면적으로 발휘할 수 없다. 응용하는 능력은 단지 자신의 작은 한 부분일 뿐이다. 다니는 회사의 업무 상황을 고려할 필요가 없으며, 더욱이 자신의 열정과 자본을 어떻게 투입할지 생각할 필요가 없으며 또 수시로 좋은 기회 포착을 고려할 필요도 없다. 따라서 발전이란 것은 생각할 여지도 없다.

명석한 두뇌와 현명한 안목을 갖고 창의적이며 자립적인 사람으로 잘 훈련해내는 효율적인 교육의 방법은 기업을 경영케 하는 것이다. 독립하여 기업을 창업한다는 것은 반드시 이윤을 얻기 위해서만이 아니다. 그 주요한 목적은 독립적인 경영을 통해 실용적인 지식을 더 많이 배우는 데 있으며, 숨어있는 잠재능력을 대폭 개발해내는 데에 있다. 당신의 자원이 일정한 규모로 확충되었을 때, 이윤과 성공도 열매가 익어 꼭지가 떨어지듯이 자연스레 올 것이다.

전문 영역을 강화하라

오늘날 지식은 갈수록 점점 더 세분화되고 있다. 만약 당신이 배운 것이 의과의 내분비계통의 질병이라면 어떻게 심장병을 수술하는가에 대해서는 전혀 모를 수도 있다.

사회과학 영역에서도 마찬가지다. 고대사를 연구하는 역사학자와 현대사를 전공하는 역사학자가 같이 앉아있을 때에는 할 말이 없을 수 있다. 왜냐하면 그들이 연구하는 범위가 각기 다르기 때문이다.

　어떤 각도에서 보면 이러한 현상은 우려스럽다. 이는 지식계 심지어 사회 안에서 아무도 각기 다른 범위의 지식을 종합할 수 없으며, 그런 지식의 의미를 우리에게 일러줄 수 없음을 의미하기 때문이다. 그러나 다른 각도에서 보면 지식의 세분화는 지식 수요의 전문화를 의미한다.

　미국의 경제학자 개리 스키는 미국의 노동력을 넷으로 나누었다. 가장 높은 부류는 '부호 분석가'로서 재무 분석가, 컨설턴트, 건축가, 변호사, 의사와 신문 기자를 포함한다. 이들이 처리하는 것은 숫자, 사고 방식, 문제와 문자로서 이들의 두뇌와 지식이 그 역량과 영향력의 근원이다. 스키는 이 부류를 '행운의 5분의 1'이라고 부르는데, 이들의 보수는 모든 노동력에 대한 보수의 80퍼센트를 점한다.

　정상급 인물에게 보수가 집중되는 추세이지만, 개인에게 있어 지식의 분과별 전문화는 큰 가능성을 부여한다. 만약 전문인이 된다면 당신이 또 다른 아인슈타인이나 빌 게이츠는 되지 못할지 몰라도, 적어도 당신 눈앞에 선택할 수 있는 수십 가지의 유리한 위치가 제공될 것이다.

　한 가지 전문 기능을 가진다는 것은 열 가지 생각을 하는 것보다 더 가치가 있다. 전문 기능을 가진 사람은 수시로 그 방면에서 노력하여 발전을 꾀하며, 시시각각 자신의 결점과 약점을 보완할 방법을 생각하여, 완전하게 일 처리를 할 궁리를 한다.

반면 열 가지 생각을 하는 사람은 그와 다르다. 그런 사람은 바쁘기만 해서 한 가지를 생각하면서 또 다른 것을 고려하고, 열정과 생각이 분산되는 까닭에 일마다 '그저 그런' 정도로 할 수 있을 뿐이다. 물론 결과적으로는 아무 일도 이루지 못한다.

경험이 풍부한 과수원 관리자는 흔히 꽃이 피고 열매를 맺은 나뭇가지를 잘라내는 습관을 가지고 있다. 대부분의 사람은 그것을 아깝게 여길 수 있다. 그러나 나무가 더욱 빨리 크게 자라도록 하려면, 후일 과실이 더욱 충실하게 열리게 하려면 반드시 아픔을 참고 그런 가지들을 베어내야 한다는 것을 과수원 관리자들은 안다. 그렇게 하지 않고 그대로 놓아둔다면 갈수록 수확량은 몇 분의 일로 줄어들 것이다.

경험이 많은 화훼 전문가는 곧 벌어질 꽃봉오리를 따내는 습관이 있다. 그 꽃봉오리도 아름다운 꽃을 피워낼 수 있지 않은가? 그럼에도, 대부분의 꽃봉오리를 따내는 것은 모든 양분이 남은 꽃봉오리에 집중되리라는 것을 알고 있기 때문이다. 그 나머지 꽃봉오리가 벌어질 때에는 틀림없이 드물고 진귀하며 더없이 큰 꽃으로 피어날 수 있다.

사람도 과수나 꽃과 같다. 모든 열정을 의미 없는 많은 일에 소모하기보다 자기에게 적합하고 중요한 한 가지 사업을 파악하여 전력을 기울이는 것이 낫다. 그렇게 한다면 틀림없이 뛰어난 성과를 얻을 것이다.

만약 당신이 대중이 존경해 마지않는 지도자가 되고 싶다면, 재능과 지식이 누구와도 비할 수 없이 출중한 사람이 되고 싶다면 반드시 대뇌 속의 그런 잡다한 생각들을 제거해야만 한다. 만약 당신이 어떤 중요한 방면에서 위대한 성과를 얻고 싶다면 대담하게 가위를 들고 모든 별 볼일 없고 평범하며 전혀 가능성 없는 희망을 완전히 잘라내야 한다. 중요한 일 앞에서 그런 곁가지는 반드시 아픔을 참고 잘라내야 한다.

세상의 무수한 실패자가 성공하지 못하는 이유는 재능이 없어서가 아니다. 적합한 일에 집중하고 전력을 다하지 않아 여기저기에 조금씩 힘을 낭비하고 있음에도 정작 자신은 그것을 알아채지 못하기 때문이다. 따라서 누구라도 쓰일 곳에 쓰이지 못하고 지나치게 분산된다면 줄곧 한 일이 없는 자가 되거나 혹은 내리막길을 걸을 것이다.

만약 그들이 마음속의 잡념들을 하나씩 제거하여 생명의 모든 영양분을 한 곳에 집중한다면 다가오는 미래에 아름답고 풍성한 결실을 볼 수 있다는 점에 대하여 분명히 놀랄 것이다!

자연계 각각의 생물은 모두 새로운 생태 위치를 찾으며 저마다

고유한 특징을 발전시킨다. 이는 생명 본연의 변화 방식이다. 전문화의 추세는 전세계에서 공통적으로 나타나는 현상이다. 전문 능력이 없는 작은 회사들은 생존할 방법이 없을 것이며, 전문 능력이 없는 개인은 평생 고정된 대가를 받을 수밖에 없다.

자연계에 도대체 얼마나 많은 생물체가 있는지 아무도 분명하게는 모르지만 틀림없이 어마어마하게 많을 것이다. 시장 경제의 각 영역에서 일찌감치 앞을 내다보고 달리는 기업의 수도 일반인이 아는 것보다 훨씬 많다. 넓은 시장에서 경쟁하는 것처럼 보이는 작은 회사들도 실은 모두 이미 큰 회사와 직접적인 경쟁을 피하면서 단지 자신에게 유리한 위치에서 멀찍이 앞서가는 회사들이다.

개인도 마찬가지다. 많은 일에서 단지 얕은 지식만을 아는 것은 한 가지 일에 충분하고 깊게 아는 것만 못 하다. 가장 좋은 것은 한 가지를 전문적으로 파고드는 것이다.

당신이 어떤 영역에서 승자가 될 수 있는지는 그 영역에서 당신이 남보다 더 잘할 수 있기 때문이다.

만약 당신이 남보다 더 전문적이라면 결정적인 강점을 가질 것이고, 그것을 이용하여 많은 발전 기회를 얻을 것이다. 나아가 그 강점이 끊임없이 확대될 것이다. 인류 문명사는 끊임없이 전문화하는 과정으로, 갈수록 발전한 전문화가 점점 더 높은 수준의 생활을 만들어낸다.

컴퓨터는 전자업계가 전문화되는 과정에서 발전하여 나온 것이다. 그리고 그 후에 진일보한 전문화가 PC를 탄생시켰다. PC의 소프트웨어가 갈수록 편리해진 것도 전문화의 결과이다. 식품업계의 혁명을 몰고 온 생화학기술도 그로부터 발전한 것이다. 모든 새로운 진보는 다음 단계의 전문화를 촉진하고 있다.

직장에서도 매우 뚜렷한 변화 추세가 보인다. 기술자의 역량과 지위가 지속적으로 상승한다는 것이다. 이전에는 블루칼라 계층이었던 직원들이 더욱 전문화된 정보기술과 전문 지식에 의존하여 이미 해당 영역 내의 전문가가 되었다. 현재 그런 전문가가 받는 보수가 어떤 경우에는 이미 관리자보다 더 높으며 더 중요한 지위를 차지하고 있다.

'창업할 수 있는가?'의 관건은 지식에 있다. 당신은 마땅히 해당 영역의 지식을 남보다 더 잘 알아야 하며, 그런 연후에 그것을 상품화로 옮길 방법을 생각하고 시장을 창조하여 고객과 이윤을 얻어내야 한다. 절대적으로 남을 앞질러 갈 수 없다면 최소한 어떤 일에서 남보다 더 많이 알아야 한다. 자신의 전문 지식을 강화하도록 노력해야 하며, 당신의 동종업자가 아는 것보다 더 많이 알고 더 잘할 수 있을 때까지 멈추지 말아야 한다. 그런 다음에 지속적인 훈련과 끊임없는 호기심으로 당신만이 갖는 전문 영역의 지도적 지위를 강화해야 한다.

현대 사회의 경쟁은 날로 격렬해지고 있다. 우리는 자신의 일에 대해 전력투구해야 할 때에 비로소 어떤 일이든 마음껏 대응하여 뛰어난 업적을 거둘 수 있다.

한 우물을 파라

어떻게 해야 빨리 당신이 종사하는 업종에서 주목을 받고 지위를 차지할 수 있는가? 거기에는 두 가지 방법이 있다.

하나는 많은 돈을 버는 것이다. 많은 돈이 있다면 모두 당신을 전혀 다른 눈으로 볼 것이다. 그러나 갓 사회에 발걸음을 내딛자마자 큰돈을 벌 가능성은 없다. 대부분의 사람은 모두 7, 8년을 일하고 일정한 연령에 이르러 안정된 기초를 다진 후에야 비로소 충분한 자금을 모을 수 있다. 즉, 많은 돈을 벌어 주목을 받는다는 것은 매우 긴 시간이 필요한 일이다.

다른 하나는 최대한 빨리 한 분야의 전문가가 되는 것이다. 큰돈을 번다는 것은 원래 능력과 많은 관계가 있으나 기회를 보아 움직여야 한다. 바꾸어 말하면 큰돈은 벌고 싶어도 반드시 벌어지는 것은 아니나, 한 분야의 전문가가 되는 것은 노력만 한다면 가능성이 크다.

거의 모든 전문가는 자신만의 전문적인 능력을 통해 지명도를 확대하고 있다. 어떤 변호사 사무소는 노동법에 능하며 어떤 사무소는 이혼을 전문적으로 처리할 수 있다. 또한, 내과 전문의가 절대로 외과 수술을 하러 가지는 않을 것이다. 똑똑한 식당 주인은 온 힘을 기울여 요리 한 가지를 특별하게 만들어낼 것이다. 예를 들어, 누군가는 쇠고기 불고기로 이름을 알릴 수 있으며, 다른 누군가는 색다른 비빔밥으로 손님을 끌어들이거나 혹은 맛이 독특한 술로 주목을 받을 수도 있다.

마찬가지로 보험사 직원은 사고보험으로부터 노후대책까지 각종 보험의 전문가가 될 수 있다. 부동산 중개인은 각기 다른 업무에 능할 수 있다. 예를 들면, 염가 건물과 방대한 공업지구 개발 및 종합쇼핑센터 등이 그것이다. 위와 같은 독특한 이미지 형성은 반드시 큰 회사이어야만 가능한 것은 아니다.

한 번만 보면 어떤 건물을 어느 건축가가 설계했고, 어느 실내장식가가 장식했으며, 어느 건설회사가 공사를 했는지 알아낼 수 있다면서, 그 독특한 풍격風格은 한 번만 보아도 알 수 있으며 어느 거리의 고급 주택과 같다고 하는 말을 당신은 들어왔을 것이다. 부자 고객에 영합하는 몇몇 업종은 그 자체가 상류 사회를 의미하고, 그들을 고용하는 자체가 신분과 지위를 나타내는 상징이 될 수 있다.

당신의 사업과 전문성에 대해 말할 때, 독특한 이미지를 얻기 위한 노력이 대단히 중요하다. 그러나 당신은 반드시 자신의 강점이 되기를 바라는 전문 용역과 제품을 선택해야만 한다. 기억해야 할 점은 모든 사람에게 적용되는 것을 차지할 수는 없으며, 한 가지나 두 가지의 제품과 용역만을 선택하여 전력으로 남의 주의를 이끌어내야 한다는 점이다. 그리고 나서야 당신의 제품과 용역이 고객에게 가장 좋은 것이라고 믿게 하기에 유리하다.

따라서 당신이 한 업종에 들어가기만 하면 게을러서는 안 된다. 전심전력으로 종사하는 업종의 상황을 분명히 파악하고 그 분야에서 리더가 되어야 한다. 만약 그렇게 할 수 있다면 당신은 곧 경쟁자를 앞질러 갈 수 있다.

당신의 경쟁자는 모두 당신과 같은 사회 초년생으로 심리 상태가 아직 충분히 안정되지는 않았다. 어떤 이는 즐기는 데에 바쁘고 어떤 이는 배우자를 찾기에 바빠, 진정으로 일에 마음을 쏟는 이는 그리 많지 않으며, 전문가가 되려고 하는 이는 더욱 적다. 그들이 출발을 머뭇거릴 때가 바로 당신에게는 좋은 기회이다. 몇 년이 지나면 그들은 당신을 따라잡을 수 없으며 그것은 사업 성패의 중대한 관건이 된다.

그렇다면 어떻게 해야 최대한 빨리 어떤 업종의 전문가가 될 수 있는가? 다음의 몇 가지를 참고할 수 있을 것이다.

우선, 당신의 업종을 선정해야 한다. 분야는 배운 것에 따라 선정할 수 있으나, 실용적인 것을 배울 기회가 없었다고 해도 괜찮다. 많은 사람이 거둔 성과는 학교에서 배운 지식과는 별로 큰 관계가 없다. 따라서 배운 것에 따라 선정하는 것보다는 흥미에 따라 선정하는 것이 낫다. 또 한 업종을 선정하였다면 쉬 바꾸지 말아야 한다. 자주 업종을 바꾸다 보면 사회가 당신의 배움을 중단시키고 효과를 감소시킬 것이기 때문이다. 어느 업종이나 나름대로 고충과 즐거움이 따른다. 따라서 너무 많이 생각할 필요는 없다. 당신이 해야 할 것은 모든 열정을 당신의 일에 쏟는 것이다!

업종을 선정한 후에는 스펀지처럼 관련된 지식을 흡수해야 한다. 내부의 동료나 상사, 선후배에게 가르침을 구할 수 있다. 외부에서의 학습은 각종 신문·잡지의 정보를 흡수하는 것을 가리킨다. 그밖에 학원 강좌와 동종업종 간의 회합 등에도 참석하는 등 '전면적이고 전 시간적으로' 학습해야 한다는 말이다.

더불어 자신의 학습을 몇 단계로 나누어 일정한 시간 내에 완성할 수 있을 것이다. 이는 일종의 압박 학습으로서 끊임없이 앞으로 매진하도록 압박을 가하고 습성을 바꾸며 의지를 훈련하는 방법이다. 그런 다음에야 학습한 성과를 펼칠 수 있는데, 반드시 이름을 얻는 일에 조급해할 필요는 없다. 일정한 시간이 흐른 후에 성과가 있다면 필연코 주의를 끌게 될 것이다. 당신이 전문가가 되면 몸값은 올라갈 것이고, 이것은 '큰돈을 벌' 기본 조건이 되기도 한다. 물론 꼭 사장이 되지는 않을지라도 전문가로 이상적인 일을 찾는 데에 문제가 되지 않을 것이다.

그러나 전문가가 된 후에도 사회의 흐름에 대해 관심을 갖고 수시로 자신을 연마해야 한다. 만약 그대로 머문다면 전문가로서의 능력도 퇴색할 것이다.

소꼬리보다 나은 닭대가리

승자 독식의 사회에서 대중은 영원히 1등만을 기억한다. 그리고 1등은 영원히 각종 편의를 점유하며 최대의 이익을 얻는다. 설사 당신이 단지 사소한 차이로 2등으로 처졌다고 하더라도 당신이 얻는 자원의 이익은 1등과는 차이가 지극히 크다.

따라서 1등을 차지하고자 많은 사람이 다투는 큰 시장을 피하고 자신이 잘할 수 있고 적합한 영역을 찾아야 한다. 설령 극히 작은 영역의 우승자라도 큰 시장의 2등보다는 낫다.

마이클은 대학을 졸업하고 쉘Shell석유회사에 입사를 했으나, 자기처럼 젊고 경험이 없는 사람에게 가장 좋은 일자리는 컨설턴트라는 것을 곧 인식했다. 그리고는 필라델피아로 가 기업관리 석사 학위를 받고 미국 최고의 컨설팅회사에 들어갔다. 이 회사에서는 쉘에서 받던 것보다 네 배나 많은 보수를 받았지만 자기보다 더 총명한 동료가 많다는 사실을 깨달았다. 마이클은 다시 비교적 작은 컨설팅회사로 자리를 옮겼다. 옮긴 회사는 전 컨설팅회사보다 성장 속도가 매우 빨랐음에도 마이클보다 유능한 사람은 훨씬 적었고, 일 년도 채 되지 않아 마이클은 회사의 고위 관리자로 승진하였다.

제인 구달Jane Goodall은 자신이 남보다 나은 재능은 없으나 야생 동물 연구에서는 남다른 의지력과 깊은 흥미가 있다는 것을 알았다. 그것은 바로 그 분야에서 일하는 데에 필요한 원동력이었다. 그리고 제인 구달은 수학과 물리학을 공부하는 대신 아프리카에서 침팬지를 연구한 끝에 성공한 과학자가 되었다.

실제로 각 개인은 모두 많은 강점과 재능을 지니고 있으며 그 강점은 바로 성공의 관건이다. 그러나 인재의 성장과 성공의 각도에서 보면 한 개인의 시간과 열정은 결국 한계가 있다. 현대 과학의 발전은 고도의 종합성과 분화성이라는 특징을 가진다. 그 점이 '하지 않는 바가 있음' 으로써 비로소 '할 수 있는 바가 있음' 을 가능하게 만드는 것이다.

따라서 넓은 지식의 바다에서 한 영역을 선택하여 자기가 노력할 방향으로 삼아야 하는 즉, '전공' 을 가져야 한다. 그리고 많은 시간과 열정을 업무에 쓰고 당장 비전문적인 영역과 사회 활동을 최대한 줄여야 한다. 그렇게 할 때만이 한 영역에 전념하고 깊이를 더해 끊임없는 성공을 보장받을 수 있다.

마태효과 5

마태효과의 **장벽** 극복

마태효과에 따르면 부자는 더욱 부유해지고 가난한
자는 더욱 가난해지며, 강자는 더욱 강해지고 약자
는 더욱 약해진다. 그렇다면 가난한 자와 약자는 영
원히 현재를 벗어날 수 없다는 것인가? 결코 그렇
지 않다. 세상에는 영원한 강자도, 영원한 약자도
없다. 약자도 결코 패하지 않겠다는 정신을 가지고
정확한 방법을 잘 이용만 한다면 마태효과의 장벽
을 극복하여 성공할 수 있다.

지붕에 구멍만 나면 비가 내린다

　마태효과의 작용 아래에서 약세에 처한 사람이나 기업 혹은 국가는 늘 발전하는 데에 장애물을 만난다.

　인생의 슬럼프에 빠진 사람은 일마다 순조롭지 못할 수 있다. 상사가 질책하고, 상대가 속이며, 친구조차도 냉담하며, 심지어 자신도 역경 속에서 분투하려는 자신감을 잃을 수 있다.

　경영 상태가 어려운 회사는 제품에 문제가 있을 뿐만 아니라 판로에도 문제가 있으며, 직원들도 충성심을 유지하기 어려워, 마침내 파산하는 운명을 벗어나기 어렵다.

　심지어 한 국가도 마태효과의 어두운 그림자를 벗어나지 못한다. 낙후한 국가는 경제가 위축되고, 그 탓에 일련의 사회 문제가 발생하여 범죄율이 상승하고 부패가 횡행하며 정부에 대한 지지도가 떨어진다. 아르헨티나가 바로 가장 좋은 예이다.

사람들은 늘 '화는 혼자 오지 않는다' 거나 '지붕에 구멍만 나면 비가 내린다' 라고 말하는데, 이것은 모두 마태효과가 작용한 직접적인 결과이다.

원인을 따져보면, 우선 어떠한 잘못일지라도 당신이 현재 가진 자원을 감소시킬 수 있기 때문이다. 마치 회사 제품의 질이 떨어지면 고객의 감소를 가져오고, 그것은 다시 제품을 개선하는 능력에 영향을 미칠 수 있다는 이치이다.

다음으로 사람들은 곤경에 빠지면 부적절한 조치를 취해 상황을 더 그르치고 만다. 예를 들면, 개를 두려워하는 사람이 길에서 마구 짖어대는 개를 만나 무척 놀란 나머지 있을지도 모르는 공격에 미처 대처하지 못하는 것과 같다.

또 다른 중요한 원인은 과거의 모든 잘못 혹은 시원찮은 결과가 모두 기록되어 당신에 대한 평가를 떨어뜨리고, 자신에게는 자신감과 자존심을 떨어뜨리는 데에 있다.

일단 부정적인 이미지가 생기면 고치고 싶어도 어렵다.

따라서 마태효과가 자신에게 나타나게 할 때는 반드시 부정적인 연쇄 효과를 조심해야 한다. 어떤 행위이든(아무리 사소한 일이라도) 모두 고립적이지 않고 연쇄 반응을 일으켜 구르는 작은 돌이 눈사태를 일으킬 수도 있다는 것을 인식해야 한다.

'악행이 작다고 하여 행하지 말고, 선행이 작다고 하여 그만두지 마라'라는 중국의 옛말을 기억할 필요가 있는 것은 작은 것도 크게 변할 수 있기 때문이다. 예를 들어, 당신에게 해가 되는 일을 사소하다고 내버려두면 혹 언젠가는 큰 골칫거리로 변할 수 있는데, 뒤늦게 깨달아 해결하려 노력해도 이미 늦었을 가능성이 있다. 따라서 우리는 마땅히 성공의 눈덩이를 굴려야지 실패의 눈덩이를 굴려서는 안 된다.

성공은 준비하는 자의 것이다

모든 이의 인생에는 각기 많은 전환과 변화가 따르는데, 이것이 일생의 운명을 바꾸기도 한다.

이른바 '전환'은 바로 인생에서 어떤 중대한 결정을 내리는 순간 미래의 모습을 바꾸는 것을 가리킨다. 그리고 그 결정의 성패는 기회를 성공적으로 장악하였는지에 달렸다.

조 지라드Joe Girad는 사업에 실패한 후에 자동차 판매에 나섰다. 그는 자동차 대리점에서 커피를 마시며 잡담하면서 고객이 찾아오기를 기다리지 않고, 끊임없이 전화하고 편지를 쓰는 등 온갖 방법을 동원해 적극적으로 나선 끝에 가장 뛰어난 세일즈맨이 되었다.

기회는 하늘에서 떨어지는 것이 아니라 준비하는 이에게만 온다. 능동적으로 기회를 찾아야 기회를 잡을 수 있으며 성공할 수 있다.

✔ 성공의 기회를 장악하는 첫 걸음: 혜안

성공한 사람은 모두 예민한 직감과 판단력 및 남다른 안목을 가진 것처럼 보이지만, 사실상 이는 장기간의 경험이 쌓여 이루어진 것이다.

기회는 곳곳에 있다. 다만, 반드시 어느 것이 당신에게 가장 유리하며 성공률이 가장 큰지 판단해야 한다.

각자의 자원은 모두 한계가 있어 당신의 시간과 돈, 열정 모두 제약을 받으므로, 모든 일을 완벽하게 할 수는 없다. 따라서 당신은 가장 흥미가 있고 가장 잘할 수 있고 성공할 가능성이 가장 큰 분야를 선택하여 실행해야 한다. 발견한 기회를 사업으로 옮길 수 있는 남다른 혜안을 요한다. 당신이 알아야 할 점은 그런 기회 뒤에 숨어있는 의미이다. 그것은 잠재적인 거대한 시장, 경쟁 상의 강점, 풍부한 이윤, 독점적 사업 등이다.

✔ 성공의 기회를 장악하는 둘째 걸음: 모험

성공한 사람은 모두 모험정신을 가졌다. 높은 이윤의 추구는 큰 위험을 동반한다. 모험은 반드시 정확한 판단과 어우러져야 하며 정확하게 보고 대담하고도 과감하게 실행에 옮겨야 한다.

'호랑이 굴에 들어가야 호랑이를 잡을 수 있다' 라고 하였듯이, 성공에는 담력이 필요하다. 단지 재주만 있고 모험정신이 없다면 성공으로 가기에는 한참 부족하다.

모험하지 않는다면 아무 소득이 없을 것이고, 모험을 한다하더라도 실패에 직면할 수도 있다. 그러나 모험에서 경험을 얻을 수 있고, 끊임없이 실패를 시도하는 과정에서 비로소 성공을 거둘 수 있다.

✔ 성공의 기회를 장악하는 셋째 걸음: 시기 파악

시기는 한번 가면 다시 오지 않는다. 시기가 왔을 때는 반드시 즉시 판단하며 머뭇거리지 말아야 한다.

성공은 시기를 제대로 선택해야 한다. 다만, 시기의 선택은 꼭 적절해야 한다. 너무 일찍 들어가면 시장이 아직 성숙하지 않았을 것이고, 너무 늦게 들어가면 기회를 잃을 것이다.

✔ 성공의 기회를 장악하는 넷째 걸음: 수렴

성공의 법칙은 하락세일 때 사들이고 상승세일 때 파는 것이다. 그러나 보통은 높을 때에 더 높이려 하고 낮을 때에 더 낮추려 한다. 그러다 보니 정세가 역전되었을 때는 어찌

할 줄을 모른다.

특히, 성공할 즈음에 많은 사람은 지나치게 확장에만 몰두해 적당한 선에서 멈추거나 좋을 때 거두어들일 줄 모른다. 성공의 기회를 장악하는 것은 분명 시기를 보아가며 움직여야 한다. 행운이 따를 때는 공략하고 악운이 따를 때는 현 상황을 지켜야 한다. 어느 때에 나아가고 물러설지, 그 시기를 파악하는 것은 성패에 커다란 영향을 미친다.

또한, 자신의 실력을 가늠하고 환경의 변화에 주의하여 정확한 시기를 선택하고 지나친 투자를 하지 말아야 한다. 그렇지 않으면 비록 일시적으로 흥하여도, 지나치게 빨리 확충하고 수렴할 줄 몰라 끝내는 쇠퇴하게 될 것이다.

실패를 모르는 정신

그는 다섯 살 때 아버지를 여의었다. 열네 살 때 그린우드 학교를 그만두고 유랑을 시작했다.

그는 농장에서 잡역을 하였는데 즐겁지 않았다.

열여섯 살에 나이를 속이고 군에 입대하였는데 군대 생활도 마음과 같지 않았다. 일 년 동안의 병역을 마친 후에 그는 앨라배마 주에 가 그곳에서 대장간을 열었으나 오래 지나지 않아 문을 닫았다. 그 후로 남방철도회사에서 철도 소방원이 되었다. 그는 그 일을 좋아하며 끝내 자기에게 맞는 일을 찾았다고 생각했다. 그러나 열여덟 살에 결혼하여 겨우 몇 달이 지나 아내가 임신하였다는 사실을 안 그날 해고되었다. 어느 날 부지런히 일자리를 찾던 중에 아내가 그의 전 재산을 갖고 도망쳤다.

이어서 쓸쓸한 생활이 시작되었다.

그는 줄곧 실패했다고 해서 포기하지 않았고 남들도 그렇게 말했다. 그는 끊임없이 노력했다.

그는 통신강좌로 법률을 공부하였으나 생계에 쪼들려 부득이하게 포기했다.

그는 보험 상품 세일즈맨도 해 보았고, 타이어도 팔아보았다.

그는 오하이오 강의 유람선에서도 일해 보았고, 주유소도 열어 보았다. 그러나 모두 실패했다.

누군가는 운명이라며 영원히 성공하지 못할 것이라고 말했다.

한번은 버지니아 주 루아눅 교외의 풀숲에서 납치를 계획하였다. 그는 한 소녀의 습관을 관찰하였다. 그 소녀가 오후 언제인가는 나와 놀 것이라고 생각했다. 조용히 풀숲에 엎드린 그는 소녀가 오후 두세 시에 외할아버지 집에서 나와 논다는 것을 알아냈다.

그는 지난날 제멋대로 살아오기는 했지만, 그래도 납치와 같은 잔혹한 일을 할 생각은 전혀 없었다. 그러나 이 시각 그는 풀숲에 숨어 천진무구하고 붉은 머리를 한 작은 여자아이가 공격 범위에 들기를 기다리고 있다. 그 때문에 그는 깊이 자신을 원망하였다.

그러나 이날 그 소녀는 놀러 나오지 않았다. 그리하여 그는 여전히 실패에서 벗어나지 못했다.

후에 그는 켄터키 주 코빈의 한 주유소 옆에서 식당을 열었다. 만약 고속도로가 생기지 않았다면 그는 그곳에서 약간의 성공을 거두었을 것이다.

어느덧 은퇴의 나이에 이르렀다. 그는 노년이 되어서도 내세울 것이 없는 사람이었다.

행복의 새는—혹은 아무 새라도—끝내 미칠 수 없는 곳에서 날개를 퍼덕이고 있었다.

그는 줄곧 현재의 삶에 안주하였다. 미수에 그친 납치를 제외하고는 단지 도망간 아내에게서 딸을 빼앗아오려고 생각했을 뿐이다. 그러나 모녀가 후일 그의 옆으로 돌아왔다.

어느덧 세월은 흘러 한평생이 지나갔다. 그러나 그는 아무것도 없었다.

만약 어느 날인가 우체부가 그의 첫 번째 사회보장금을 가져오지 않았다면 그는 여전히 자기가 이미 늙었음을 인식하지 못했을 것이다.

그날, 그는 몸속의 무엇이 화를 냈다. 깨달았고, 폭발했다. 정부는 그를 매우 동정하였다. 정부에서 말하기를 당신이 공을 칠 차례에 맞추지 못하였으니 다시 칠 필요가 없다며, 이제는 포기하고 은퇴할 때가 되었다고 하였다.

그는 말했다. "퉤!"

그는 105달러를 받아 그것으로 새로운 사업을 시작했다.

그리고 끝내 일흔넷의 나이에 크게 성공하였다. 남들이 끝내야 할 때에 비로소 시작한 이 사람이 바로 할랜드 샌더스Harland Sanders로 KFC의 창업주이다. 그는 첫 번째 사회보장금으로 KFC를 창업한 것이다.

당신은 이 이야기에서 무엇을 배웠는가?

하늘은 사람의 길을 끊어놓지는 않는다. 당신이 아무리 많은 좌절과 역경을 당하더라도 계속 노력하기만 한다면 반드시 기적을 만들 수 있다. 하늘은 모든 문을 닫는다고 하여도 열린 창 하나는 남겨놓을 것이다. 당신은 영원히 패배하지 않는 정신을 가져야 한다.

실패에서 배우기

사람들은 대개 성공을 좋아하고 실패를 두려워한다. 그러하기에 성공으로 가는 '완벽한 모델'을 설계하고 실행해 실패를 피하고자 한다. 그러나 실패는 유령과도 같고 그림자와도 같다.

사실상 사람들은 이미 '완벽한 모델'을 믿어 큰 손해를 수없이 당했다.

타이타닉 호는 침몰할 수 없다고 여겨졌다. 또 마지노선은 넘을 수 없는 선으로 불렸다. 그리고 핵이 누출되기 전에는 모든 핵 기지가 자신들의 안전 시스템은 완벽하다고 떠들었다.

사실 많은 상황에서 실패는 그리 나쁜 일이 아니며, 오히려 그것을 존중하고 그것에서 배워야 한다.

많은 사람이 실패와 성공은 상대적이라고 말한다. 사실상 그것들은 동전의 양면이어서 당신이 잘 배우고 사고한다면 실패는 반대로 성공의 전주곡이다.

어떤 젊은이가 막 대학을 졸업하였으나 오랜 기간 일자리를 찾지 못했다. 후에 심리치료소에서 상담을 하면서 자신의 문제는 실패를 받아들일 줄 모르는 데에 있다는 것을 발견했다. 그는 학교 교육을 받으면서 크고 작은 각종 시험에서 불합격한 적이 없었다. 그것이 그로 하여금 실패를 가져올 수도 있는 일들을 원천적으로 봉쇄했다. 그는 처음부터 실패는 나쁜 것이며 새로운 기회를 만들어내는 잠재적 발판이 아니라고 확신하고 있었던 것이다.

주변 사람을 둘러보라. 얼마나 많은 중간급 관리자, 가정주부,

행정직원, 선생님과 기타 무수한 사람이 실패를 두려워해 어떤 새로운 것도 시도하지 않는가?

실패는 또 다른 쓰임새가 있다. 그것은 우리에게 어느 때에 방향을 바꿔야 하는지를 일러준다.

일이 순조롭게 진행되면 우리는 보통 방향을 바꾸려 하지 않는다. 대다수의 상황에서 우리의 반응은 얻은 결과에 근거하기 때문이다. 우리는 일이 순조롭지 못하거나 일이 잘 안 될 때 비로소 그에 대해 주의한다.

우리는 모든 일이 어긋남이 없으면 방향을 바꿀 필요가 없이 계속해서 목전의 방향으로 끝까지 진행하게 된다. 즉, 대부분 시도하고 실패를 겪는 과정 중에 무언가를 깨닫고 배우지만, 예측한 대로 정확하게 일이 진행될 때는 자신이 잘하고 있다는 믿음 때문에 배움도 없게 된다.

예를 들어, 초대형 유조선 카디츠 호가 프랑스 서북부의 노르망디 해안에서 폭발하여 수만 톤의 기름이 온 바다와 연안을 오염시키고서야, 석유 회사는 석유 수송의 갖가지 안전 설비에 대해 재차 점검하게 되었다. 마찬가지로 살리 섬의 핵 반응기 누출 사고가 발생한 후에야 많은 핵반응 과정과 안전 설비가 개선될 수 있었다.

실패가 가져오는 충격은 사람들로부터 각가지 다른 생각을 불러일으킨다. 그러나 실수와 실패를 많이 할수록 그만큼 발전도 있는 법이다.

사실상 인류는 잘못된 가설과 관념이 토대가 되어 창의력을 발휘한 사람들로 가득 찼다. 콜럼버스는 자신이 인도로 가는 지름길을 발견했다고 여겼다. 그리고 케플러Johann Kepler는 우연히 행성 간의 인력 개념을 얻어냈는데, 그가 안 잘못된 가설이 오히려 정확한 가설에 도달했다. 에디슨의 탄소 필라멘트가 있고서야 1910년 쿨리지William David Coolidge에 의해 텅스텐 필라멘트가 만들어지는 계기를 마련한 것이다.

어느 광고 회사의 아이디어 감독관은 반 이상의 시간 동안 실패하지 않으면 즐겁지 않다고 하였다. 그는 다음과 같이 말했다. "최초의 창안자가 되고 싶거든 많은 실수를 저질러야 한다."

한 컴퓨터 회사의 총재는 직원들에게 이렇게 말했다. "우리는 발명가로서 남들이 해보지 못한 일을 해야만 한다. 따라서 우리는 많은 잘못을 저지를 것이다. 내가 그대들에게 권고하는 것은 '잘못은 저지를 수 있다. 다만, 빨리 잘못을 끝내라' 라는 것이다."

한 첨단기술 회사의 이사가 담당 엔지니어에게 새 제품의 시장 성공률을 물었는데 그가 얻은 대답은 '대략 50퍼센트'였다. 그러자 그 이사는 대답했다. "너무 높다. 최대한 높더라도 30퍼센트에 맞춰라. 그렇지 않으면 우리의 계획이 너무 보수적이어서 마음을 놓을 수가 없다."

은행에도 같은 상황이 있다. 만약 대출담당 직원에게 미 회수금이 없다면 그가 적극적이지 못했음을 확신할 수 있다.

IBM의 창시자 토머스 왓슨 1세Tomas Watson는 "성공하는 길은 실패율을 배로 높이는 것이다"라고 했다.

가급적 잘못은 저지르지 말아야 한다. 그러나 창조하는 과정의 초기 단계에서는 그렇지 않다. 잘못은 당신이 정상 궤도에서 벗어나고 있음에 대한 경고인데, 만약 당신이 줄곧 실패한다면 이미 그것은 당신에게 창조력이 없음을 알려준다.

다음의 몇 가지는 당신이 마땅히 주의해야 할 사항이다.

✔만약 당신이 잘못을 저질렀다면 그것을 새로운 창조를 위한 발판으로 삼으라.

✔ '잘못의 시도'와 '잘못의 회피'는 다르다. 후자의 대가는 전자보다 크다. 만약 당신이 잘못을 저질러보지 않았다면 자신에게 물어보아야 한다. "너무 보수적이라서 얼마나 많은 기회를 놓쳤을까?"라고.

✔당신의 모험심을 강화해야 한다. 누구나 모두 그런 능력을 갖추고 있다. 다만, 늘 사용해야 한다. 그렇지 않으면 퇴화할 수 있다. 최소한 하루 한 차례씩의 모험을 생활의 중점

으로 삼으라.

✔ 실패의 두 가지 장점을 기억하라. 첫째, 만약 당신의 시도가 실패한다면 무엇이 통하지 않는지 알게 될 것이다. 둘째, 실패는 당신이 새로운 방법을 시도할 기회를 준다.

자신을 표현하라

비록 절대다수의 사람이 모두 견디기 어려운 고통의 과정을 가진 적이 있을지라도, 유독 당신만이 성공하지 못한 기간이 지나치게 길면 남의 눈에 무능력자로 비칠 수 있다. 더욱 문제가 되는 것은 당신 자신도 점점 그 역할에 동조하게 된다는 것이다.

따라서 회사 안에서 당신은 자신을 표현하는 데에 능해야 한다. 묵묵히 소리 안 나게 머리를 파묻고 힘들게 일만 하는 사람은 잘 중용되지 못한다. 유능한 직원은 일뿐만 아니라 자기표현도 잘해야 비로소 남보다 두드러질 기회를 얻을 수 있다.

회사에서 진행하는 회의를 충분히 이용하여 상사나 동료가 당신을 주의하도록 해야 한다. 물론 사전에 말할 내용과 달성하려는 목표 및 제기될 수 있는 의문점과 그 대책들을 잘 준비해야 한다. 회의할 때는 모서리에 앉지 말고, 큰 소리로 분명하게 당신의 견해를 말하며, 남과의 교감을 위해 눈길을 잘 활용해야 한다.

그밖에 능동적으로 당신의 업적을 잘 드러내야 한다. 어떤 사람은 조그만 성과도 크게 선전하여 모두에게 알리므로, 당신도 조용히 있으면 안 된다. 업적을 평가할 경우 모든 사람이 남보다 앞서려고 하기 때문이다.

일하는 과정에서 친구를 사귀려고 기대하지 말아야 한다. 일은 단지 자기를 완성하는 일부분에 불과하다. 교우라는 항목은 일의 목표에서 지워버려라. 물론 자기를 알아주는 이를 만날 수 있다면 그것은 뜻밖의 행운이다.

또한, 담담하게 변화에 대면하고 자신의 좋은 심리적 바탕을 배양해야 하며, 일상의 일과 생활에서 자신을 단련해야 한다. 좋은 일이나 나쁜 일이나 어느 순간 갑자기 발생할 가능성이 있다. 만약 그와 같은 일에 대비해 미리 준비하고 있었다면, 일이 발생했을 때 차분하게 대처함과 동시에 대책을 제시하는 당신을 상사나 동료가 다시 볼 것이다.

경험은 스승으로서 당신보다 앞서간 사람들의 가르침이다. 따라서 당신은 모험에 과감해야 한다. 득실만을 따지는 일은 멈추어서서 더 이상 나아가지 못하게 만든다. 성공한 사람의 대다수는 생각을 행동으로 옮기는 데에 과감한 사람이다.

당신은 자신이 직접 통제할 수 없는 일을 최대한 맡지 말아야 한다. 만약 팀 안의 주요 구성원이나 핵심 인물이 당신에게 보고

하지 않거나, 충분한 권한을 위임받지 못할 일이라면 괜히 씩씩하게 나설 필요가 없다. 동료 간의 상호 협조는 그런 방식으로 나타내는 것이 아니다. 당신은 마땅히 유한한 열정을 진정으로 사업상 발전 기회를 얻어다 줄 일에 투입해야 한다.

또 때맞추어 보고하는 습관을 길러야 한다. 이것은 상사로 하여금 전후사정을 쉽게 파악하게 하며 당신에 대해 업무의 효율성이 높고 성실하여 신뢰할 만하다는 좋은 이미지를 갖게 한다. 이 점이 당신의 발전에 큰 이점이 되리라는 데에 의심의 여지가 없다.

먼저 인생의 목표를 찾으라

누구나 알고 있듯이 일과 공부, 생활을 하는 데 일정한 방법을 따져야 한다. 그러나 어떻게 해야 일은 줄고 결과는 좋은 그런 방법을 찾을 수 있는가?

지극히 중요한 점은 핵심을 파악하는 것이다. 일할 때 모든 면을 일일이 챙겨서는 안 되며 마땅히 손쓸 핵심적인 것을 파악함으로써 자질구레한 일은 최대한 피해야 한다.

우리는 마땅히 '일 처리의 핵심 찾기'를 생활화하고 습관처럼 익혀야 한다. 생활화와 습관을 통해 구체적으로 실행할 때에는 균형과 자연스러움이라는 원칙에 따라 가장 중요한 것을 최우선 순위에 놓아야 한다. 그렇다면 어떻게 해야 그럴 수 있는가?

먼저 펜과 종이를 꺼내 행동에 옮겨라.

바로 지금부터 일정 기간의 미래 생활을 신중하게 안배하고 상세한 계획을 세워 객관적인 자신의 점수를 매기라. 시간을 두 달로 잡는다. 이 기간에 당신이 분명히 알아야 할 것은 도대체 무엇이 가장 '핵심'인가이다. 이 문제를 분명히 하려면 먼저 다음을 생각해야 한다. 당신이 가장 중요시하는 것은 무엇인가? 당신의 인생 목표는 무엇인가? 당신은 어떤 사람이 되기를 희망하는가? 그 목표를 이루고자 당신은 어떤 대가를 치를 수 있는가?

이 물음에 대한 답을 적고 나면 그 안에 당신 자신에 대한 기대 및 인생에 대한 80/20 법칙이 적용된 원칙이 담겨있음을 발견하게 될 것이다. 그것들을 개인의 신념이나 사명으로 삼아보는 것도 괜찮을 것이다.

만약 당신이 신념을 확립하지 않았다면 아래의 방법을 통해 자신의 삶에서 가장 핵심이 되는 일을 알 수 있을 것이다.

✔ 당신에게 가장 중요한 일이 무엇이라고 생각하는가?

✔ 인생에서 대인 관계는 무엇을 의미하는가?

✔ 당신은 미래에 대한 장기적인 목표가 있는가?

✔ 당신은 목표를 위해 어떤 일을 할 수 있는가?

✔ 당신이 가장 얻고 싶은 체험이 무엇인지 생각해보라.

✔ 당신이 삶에 대해 용기를 잃는 경우 어떤 결과가 가져올 것
  인가?

위와 같은 일련의 물음에 대한 사고를 통해 당신은 '일 처리의 핵심 찾기'가 지닌 현실성을 무시할 수 없다고 심각하게 깨달을 것이다.

✔ 자신이 바라는 바를 이해했다면 삶에 대해 어떤 기대가 생
  기는가?

✔ 당신이 기록한 인생의 의미는 무엇을 의미하는가? 그것이
  당신의 시간과 열정의 배분에 영향을 미치는가?

✔ 매일 당신이 써놓은 신념에 대해 검토할 경우, 당신의 노력
  에 영향을 미치는가?

✔ 만약 당신이 자신의 가치관과 기대를 분명하게 인식하였
  다면 앞으로 시간을 어떻게 배분할 것인가?

만약 당신이 자신의 미래를 위해 위와 같은 표를 만들었다면 다가올 미래를 맞이하기 전에 반성을 해보고, 아직 표를 만들지 않

았다면 '인생에서 가장 중요한 것이 도대체 무엇인가?' 라고 한번 생각해보라.

위 과정을 마친 다음에는 알게 될 것이다. 왜냐하면 그동안 우리는 한 가지 역할만을 하는데도 빠듯하게 여겨 다른 중요한 역할을 소홀히 했을 가능성이 있기 때문이다. 예를 들어, 당신이 규모가 큰 사업을 하였거나 회사에서 인정받는 엔지니어이지만 집안에서 좋은 남편이나 아버지가 될 수 없었다면 그것은 당신이 남의 수요를 만족시키는 데에는 뛰어났을지라도 개인 성장의 수요는 만족시키지 못했음을 알려준다.

인간의 삶은 여러 역할이 혼합된 무질서한 조합으로, 각각의 역할에 같은 시간을 들여야만 균형을 얻는 것은 아니다. 핵심이 되는 역할을 찾아 가장 필요한 일을 완성하면 된다. 당신의 각종 역할 간의 관계를 분명히 인식한다면 자연스럽게 그렇게 할 것이다. 그리고 당신의 삶도 그에 따라 조화로운 상태를 유지하게 될 것이다.

인생에서 가장 핵심이 되는 일을 찾고, 그 후에 힘써 노력한다면 틀림없이 찬란한 성공을 거둔 인생을 가질 것이다. 이것이 삶의 이치이다.

우세한 자원의 집중

우리는 소수가 다수를 이긴 많은 전쟁의 사례를 익히 들어왔다. 사실 그런 예는 마태효과를 놓고 보자면 법칙에 어긋나는 듯하다. 그렇지 않은가? 그러나 자세히 살펴보면 다음과 같은 점을 발견하게 된다.

고작 몇몇 전쟁에서만 열세의 병력으로 상대의 우세한 병력과 정면 대결하여 이겼을 따름이다. 그것도 자연적 현상의 도움이 있었다든가 혹은 상대방이 많은 수의 병력임에도 오합지졸에 불과했다거나, 비록 적은 수의 병력이지만 최강의 전투력을 지녔다든가 하는 특별한 상황이었을 것이다.

그러나 더 많은 상황을 생각해보면 지휘관이 높은 효율로 열세인 소수 부대를 운영하는 데에 뛰어난 지도력을 발휘했기 때문이다. 지휘관은 교묘하게 가상의 진을 설치하여 상대방의 판단 착오와 병력 분산을 유도하여 각개격파를 시도하였고 승리하였다. 겉보기에는 승리한 쪽이 열세였지만 그들은 전투에서 집중적인 힘을 발휘해 다수이지만 열세에 몰린 병력을 격파한 것이다. 이것은 《손자병법》에서 말하는 '병력이 2배면 분산시켜라倍則分之'라는 전술로, 소수의 힘으로 승리한 사람들이야말로 마태효과의 힘을 진정으로 이해하고 잘 제어한 사람들이다.

이용 가능한 자원이 제한적일 때는 반드시 '우세 병력의 집중'

이라는 전술을 배워야 한다. 즉, 당신의 시간, 열정, 재능, 돈을 승리할 가능성이 가장 큰 싸움터에 투입해서, 한 영역에서 자신의 우세한 지위를 확립해야 한다. 당신이 가진 승리가 실질적으로 실력 차이에 많은 변화를 가져올 것이다. 이렇게 끊임없이 '작은 승리를 쌓아 대승으로 만들어' 전체적인 우세를 얻게 된다면 '최후의 결전'에서도 승리는 당연한 결과이다. 마태효과가 완전히 당신 편에 서 있기 때문이다.

다음을 기억하라. 당신이 가진 자원을 잘 이용할 수 없으면 그 무엇도 당신에게 가져다주지 못하거나 쉽게 승리하게 해주지 않는다. 따라서 모든 면을 다 챙기려 하지 말고 한 점을 공략하는 법을 배우라. 승리의 비결은 바로 자기의 자원을 어떻게 운용하며, 자신의 능력을 가장 훌륭하게 발휘하는 데에 있다.

세 살 버릇 여든까지 간다

"행위를 파종하여 습관을 수확하며, 습관을 파종하여 성격을 수확하며, 성격을 파종하여 운명을 수확한다"라고 한 미국 작가의 말처럼 좋은 습관은 일생을 완성하고 나쁜 습관은 일생을 망칠 수 있다.

상상해보라. 잠꾸러기에다 생활도 게으르고 또 규율이 없는 사람이 어떻게 자신을 일에 열중하도록 통제하겠는가? 독서를 싫어하고 자기 바깥세계에 관심이 없는 사람이 어떻게 넓은 마음과 식견을 가질 수 있겠는가? 자신만이 옳고 남은 안중에 없는 사람이 어떻게 남과 협력하며 소통할 수 있겠는가? 어지럽고 생각이 혼란스러운 사람이 하는 일의 효율이 얼마나 높을 수 있겠는가? 독립적으로 사고하지 못하고 다른 사람만 쫓는 사람에게 얼마만큼의 지혜와 판단능력이 있을 수 있겠는가?

습관은 성패의 관건으로 성공한 자와 실패한 자의 유일한 차이는 그들이 다른 습관을 가졌다는 것이다.

좋은 습관이라는 것은 좋은 방법 즉, 사고하는 방법이며 일하는 방법이다. 좋은 습관을 배양하는 것은 바로 성공하는 방법을 찾는 것이다. 그리고 나쁜 습관이 많을수록 성공에서 더욱 멀어진다.

왜 성공한 사람이 지금 당장 곤경에 빠진다고 해도 곧바로 일어설 수 있다고 믿는 것은 습관의 힘일 것이다. 성공한 사람이 양성한 좋은 습관은 그들의 성격을 형성하였고, 성공을 이룩한 것이다.

인간이 가진 모든 장점은 모두 습관으로 변화되어야 비로소 가치가 있다. '사랑'과 같은 영원한 주제조차도, 반드시 끊임없는 수련을 통해 좋은 습관으로 변해야만 비로소 진정한 행동으로 전환될 수 있다.

한편, 좋은 생각과 원칙을 많이 아는 것과 그것을 실천하는 것은 별개의 것으로, 그 사이에 다리가 놓여있어야 한다. 그것이 바로 습관이다. 그렇다면 습관의 가치는 얼마나 큰가?

미국의 과학자는 일찍이 한 가지 습관을 들이는 데에 모두 21일의 시간이 필요하다는 것을 발견하였다. 정말 그렇다면 효율적인 측면에서 습관은 투자 대비 생산비가 가장 높다. 왜냐하면 당신이 하나의 좋은 습관을 들인다면 죽을 때까지 거기에서 오는 이점을 누릴 수 있다는 것을 의미하기 때문이다.

오그 만디노Og Mandino가 "사실상 성공과 실패의 가장 큰 분야는 다른 습관으로부터 온다. 좋은 습관은 성공의 열쇠요, 나쁜 습관은 실패를 향해 열린 문이다"라고 한 바와 같다.

그렇다면 우리는 또 어떻게 나쁜 습관을 없애고 좋은 습관을 들일 것인가?

첫째는 제도의 통제에 의한 것이고, 둘째는 자기의 노력과 결심에 의한 것이다. 좋은 습관을 들이고 나쁜 습관을 없애는 초기에는 반드시 제도화된 강제적인 통제를 가해야 한다.

식사 전과 화장실을 다녀온 뒤에 손을 닦는 습관은 타고나면서 이루어진 것은 아니다. 이 습관은 부모 혹은 다른 사람에 의해 여러 차례에 걸친 강제와 교정으로 얻어진 것이다. 싱가포르는 '화원 도시'라는 명성을 가지고 있으며, 더군다나 시민들의 자율적인 습관은 칭찬을 아끼지 않게 한다. 그러나 알아야 할 것은 처음 그런 습관을 들일 당시에는 경찰과 교도소 등의 국가기관까지 동원되어 강제성을 띠었다는 점이다. 따라서 '강제가 습관을 만든다'라는 말은 변하지 않는 진리이다!

좋은 습관의 양성은 제도의 통제나 교육을 통하는 것 외에 자신의 결심과 용기가 있어야 한다. 그런데 결심과 용기는 어디에서 오는가?

이는 부득이 문화로 돌리지 않을 수 없다. 적극적으로 발전하고 나아지려는 분위기에서 어떻게 잠꾸러기임을 견뎌내겠는가? 모두가 단결 협력하는 분위기에서 자신만이 옳다고 하고 남은 안중에 없는 태도가 어떻게 발붙일 수 있겠는가? 개척하고 창조의 분위기에서 오직 당신만이 명령을 기다리며 남이 하는 그대로 따를 수 있겠는가?

문화는 제도가 가진 강제력과 습관의 보수성을 초월해 강력한 자연적인 진리를 지닌 힘으로서 존재한다. 문화는 인간의 심리와 정신에 영향을 미치고, 나아가 더는 강조하거나 강제하지 않아도 자연스럽게 대중의식이 될 만큼 강대해진다.

물론 좋은 습관의 양성은 그리 쉬운 것은 아니다. 따라서 반드시 순서대로 낮은 데서 깊은 데로, 가까운 데서 먼 데로, 점진적인 변화로 가는 원칙을 따라야 한다.

마태효과 6

마태효과의 **원점** 발견

마태효과를 뛰어넘어 성공에 이르고 싶다면 반드시 자신의 첫 번째 보물 상자를 찾아야 한다. 그러려면 어떻게 해야 하는가? '모래를 쌓아 탑을 세우고, 털을 모아 털옷을 만든다'라는 오래전부터 유대인에 게 전해오는 말이 있다. 이 말은 부를 이루는데 가장 중요한 것은 '쌓기'임을 일러준다.

모래를 쌓아 탑을 세우는 성공의 법칙

많은 사람의 '자산'은 모두 차곡차곡 쌓여서 된 것이다. 대부호의 돈, 군인의 전공, 학자의 학문, 작가의 저작 모두가 쌓여서 된 것이다. 복권에 당첨된 요행을 제외하고 단번에 그렇게 많은 '자산'을 차지한 사람은 없다.

따라서 쌓는다는 것은 작은 것에서 큰 것으로 가는 필연적인 과정이다. 이 점은 의심의 여지가 없다. 쌓는 법을 잘 운영할 수 있다면 일정 기간이 지난 후에는 반드시 생각하지 못했던 결과를 얻을 수 있을 것이다.

쌓는 과정은 사소하게 시작되지만 그 결과는 놀라울 정도이다. 흡연을 예로 들면 이 '쌓기'의 힘이 얼마나 놀라운지 이해할 수 있다. 흡연자가 하루 평균 한 갑씩 10년을 피웠다면 그동안 몇 대의 담배를 피운 것인가? 그것도 쌓여서 된 것이다.

당신이 자원을 쌓으려고 결심할 때 반드시 다음 세 가지 점을 기억해야 한다.

✔ 서두르지 마라. 서두르면 자신에게 보이지 않는 압력이 될 수 있기 때문이다. 서두르면 도달하지 못한다.

✔ 많기를 바라지 마라. 많기를 바라면 자신이 감당하지 못하게 되고 쌓을 용기를 잃을 수 있기 때문이다. 조금씩 쌓는 것만 못하다.

✔ 중단하지 마라. 일단 중단하면 쌓는 효과와 의지에 영향을 미쳐 그만둘 수 있게 되기 때문이다.

그렇다면 우리는 어떤 자산을 쌓아야 할 것인가?

첫째, 돈이다. 돈은 생활의 근본으로 한 개인이 평생 큰돈을 벌 기회는 단지 몇 차례에 지나지 않는다. 평소 꾸준히 잘 모아야 한다. 천을 모으면 천이 쌓이고 만을 모으면 만이 쌓인다.

'큰 부자는 하늘이 내리고 작은 부자는 검소함이 만든다'라는 말은 기업을 운영하는 데에 반드시 적용된다. 적다고 벌지 않아서는 안 된다. 적은 것을 많이 모은다면 분명 빈털터리보다 낫다.

둘째, 경험이다. 세상에 천재는 많지 않다. 절대다수는 모두 한편으로 배우고 한편으로 경험을 쌓아야 한다. 경험이 생기면 일거리를 찾지 못할까 걱정할 필요가 없다. 잘되면 창업할 수 있고, 못된다고 해도 일자리 하나는 얻을 수 있다. 그리고 경험이 풍부할수록 몸값도 높다. 그러나 주의할 점이 있다. 일자리를 옮길 때는 심사숙고해야 한다. 일자리를 바꾸는 것은 '쌓기'의 중단을 가져오기 때문이다.

셋째, 친구이다. 친구는 일하는 데에 필요한 존재이다. 친구가 많을수록 일 처리가 편리하며 또 큰일을 할 가능성도 있다. 그러나 친구 관계는 하루아침에 맺을 수 있는 것이 아니다. 만나서 이해하고 협력하기까지에는 상당히 긴 기간이 반드시 필요하기 때문이다. 급하게 굴어서도 안 되며 그럴 필요도 없다. 천천히 쌓으면 풍부한 대인 관계를 맺게 될 것이다.

결국, 당신은 작은 믿음을 큰 믿음으로 쌓고, 작은 승리를 큰 승리로 쌓을 수 있다. 즉, 당신에게 도움이 되는 사람과 일, 물질 모두를 '쌓기'를 통해 자산으로 만들 수 있다는 것이다.

그밖에 당신은 일 처리에도 '쌓기'를 활용할 수 있다. 한 번에 성공할 수 없는 것을 두 번 세 번으로 나누어 지속적으로 노력하는 것이다. 감당하기에 지나치게 무거운 일도 완성할 시간을 늘려 조금씩 함으로써 부담을 줄일 수 있다.

'쌓기'는 대단히 어려운 방법이 아니다. 만약 그것을 잘 운용할 수 있다면 틀림없이 '쌓기'의 장점 즉, 자신감은 계속해서 증가하고 부담은 감소하는 것을 느낄 수 있을 것이다.

'돈은 나무에서 자라나는 것이 아니다'라는 말이 의미하는 바는 돈은 벌기 어렵다는 뜻이다. 당신이 잠재적으로 그 말을 믿는다면 정말로 돈을 벌지 못할지도 모른다. 지금부터라도 돈이란 내가 파종한 어느 곳에서 자라날 수 있다고 생각하라.

우리가 알게 모르게 파산하는 부자가 있으며 동시에 빈손에서 성공하는 사람도 있다. 꿈을 가지는 것만으로 크게 성공한 사람을 본다면 이해가 빠를 듯하다. 부를 쌓으려면 당장 가진 돈주머니보다 꿈을 가진 머리가 더 중요하다는 것을 성공한 사람들은 알고 있기 때문이다.

자신은 돈을 못 벌 사람이라고 생각하는가? 왜 벌 수 없다고 하는가? 지금도 시시각각 억만장자가 나타나고 있다. 억만장자가 되는 비결은 무엇인가? 만약 당신이 몇 시간, 몇 주 또는 길게 몇 달을 들여서라도 모든 성공의 원인을 관찰하여 찾는다면 많은 부자가 파악한 비결을 발견할 것이다.

그런 부자들은 많은 시행착오를 거치며 땀을 흘리고 눈물을 떨어뜨리고서야 결정적인 기회에 비결을 발견했을 수 있다. 다음 이야기에 부자가 더욱 부자가 되는 성공의 법칙이 들어있다. 지금 당신은 그들의 성공을 내 것으로 복제할 수 있다.

부자가 되는 길

한 사람이 큰돈을 벌 수 있다고 큰소리친다. 그러나 번 후에는 모두 써버리고 한 푼도 모으려 하지 않는다. 이런 습성에 물든 사람은 노년기에 가서는 한 푼도 남기지 못한다. 그의 노년이 매우 불행할 것은 자명하다!

많은 사람이 사업 발전에 써야 마땅한 자본을 유행하는 기호품을 구입하거나 즐기는데 쓴다. 만약 그들이 그런 불필요한 비용을 절약하여 조금씩 모아 쌓아간다면 틀림없이 장래 사업의 발전에 단단한 기초를 세울 수 있을 것이다.

사람들이 사회에 나가 돈을 물 쓰듯이 쓰는 까닭은 돈의 가치를 모르기 때문이다. 그들이 마구 낭비하는 것은 자신이 '통이 큼'을 알아주기 바라거나 혹은 다른 사람으로 하여금 돈이 많다고 느끼게 하려는 목적에서이다.

그들은 여자 친구와 만날 때에 값이 비싼 꽃이나 많은 선물 등을 사지 않고는 못 견딘다. 그렇게 마음을 쓰고 비용을 들여 쫓아다닌 결과로 얻은 아내는 낭비를 일삼고 저축이라는 것을 하지 않을 것이다. 그들이 결혼 후에도 예전과 같은 소비를 할 것이라는 점을 전혀 고려하지 않은 결과이다.

체면을 지키고자 돈을 써서 어떤 상황을 버텼다 하더라도 온갖 번뇌와 고민이 그 뒤를 따르게 된다. 그리고 다시는 절약하는 세월을 보낼 수 없게 되며 자신의 상태가 어느 정도에 이르렀는지도 인식하지 못한다. 일단 적자가 나면 공금을 유용하는 등 적자를 임시방편 메우기는 하나, 시간이 오래 지나다 보면 지출이 더 늘어나고 적자는 더욱 커지며 자신의 소비 욕망을 채우려고 천천히 깊은 못에 빠져들게 된다. 그때야 비로소 낭비하지 말았어야 하며 양심에 어긋나는 일을 하지 말았어야 한다고 생각하게 된다. 그러나 이미 때는 늦었다!

잘난 척하고 과시하기 좋아하는 악습 때문에 얼마나 많은 사람이 나중에 배를 주리고 심지어는 비극적으로 목숨을 잃게 된다. 더욱이 수많은 사람이 그 때문에 자리를 잃는다!

미국의 한 사회학자는 "우리 사회에서 낭비라는 두 글자가 얼마나 많은 사람에게서 즐거움과 행복을 앗아갔는지 모른다"라고 말했다.

낭비의 원인은 세 가지를 벗어나지 않는다.

첫째, 무슨 물건이든 유행을 따라 복장, 일용품, 음식 등에서 가장 좋고 가장 유행하는 것을 바라며, 어느 면에서나 통이 크면 클수록 좋다고 생각한다.

둘째, 절제를 못 해 쓸모가 있고 없고를 떠나 갖고 싶은 것이면 무조건 구입한다.

셋째, 다양한 기호를 갖고서 필요하지 않음에도 버리려는 의지가 없다.

이를 종합하면 자신의 수양을 강화하고, 욕망을 억제할 것을 전혀 생각하지 않는 것이 문제이다.

만약 당신이 돈을 물 쓰듯 쓰는 사람이라면 그 때문에 삶이 중도에 끝날 수 있다. 적지 않은 사람이 끊임없는 노력 끝에 많은 돈을 벌고도 여전히 빈털터리라고 여기는 주요한 원인은 좋은 저축 습관을 기르지 않았기 때문이다.

또한, 낭비의 나쁜 습관은 원대한 포부와 성공의 야심이 없음을 보여준다. 그런 사람은 항상 돈의 수입과 지출에 대해 신경 쓰지 않으며, 저축은 생각도 안 한다. 성공하려면 누구라도 돈의 수입과 지출에 대해 절제하고 계획하는 좋은 습관을 길러야 한다.

수입의 많고 적음을 떠나 반드시 써야 할 것을 제외하고는 최대한 절약해야 한다.

일찍이 프랭클린Benjamin Franklin은 "부자가 되는 유일한 방법은 많이 벌고 적게 쓰는 것이다. 만약 당신이 빚 독촉에 따른 스트레스를 받지 않으려면, 그리고 굶주림과 추위의 고통을 당하지 않으려면 충성, 신용, 근면, 수고의 네 가지를 지니고 친구를 사귀어야 한다. 동시에 당신이 벌어들인 한 푼도 당신의 손에서 쉽사리 빠져나가게 하지 말아야 한다"라고 말했다.

마태효과는 돈은 돈에 따라 흐른다는 것을 일러준다. 따라서 손에 넣은 돈은 반드시 아껴야 하며, 그 돈이 당신에게 더 많은 돈을 가져다주게 하여야 하며, 멋대로 써서도 안 된다. 재산을 모으고자 한다면 먼저 욕망을 잘 억제해야 한다.

보통 사람들은 인색함을 절약과 동의어라고 여긴다. 그러나 이것은 잘못된 생각이다. 절약의 진정한 의미는 써야 할 때 쓰고, 아껴야 할 때는 아끼는 것이다. 다시 말하자면 적절하게 쓰는 것이다. 그러나 인색은 다르다. 인색은 써야 할 때 쓰지 않고, 아끼지 말아야 할 때 아끼는 것이다.

영국의 저명한 문학가 러스킨은 다음과 같이 말했다. "사람들은 통상적으로 절약이라는 단어가 '돈을 아끼는 방법'이라고 알고 있다. 그러나 그렇지 않다. 절약은 '돈을 쓰는 방법'이라고 풀이해야 마땅하다. 말하자면 어떻게 필요한 가구를 구매해야 하고, 어떻게 가장 적당한 용도에 돈을 쓰며, 어떻게 의식주와 행동 및 교육과 유흥에 드는 비용을 분배해야 하느냐가 문제이다. 결론적으로 말하면 돈을 가장 적당하고 가장 효과적으로 쓰는 것이 진정한 절약이다."

또 토머스 립튼Thomas Lipton 경도 다음과 같이 말했다. "많은 사람이 나에게 성공의 비결을 묻는다. 나는 그들에게 가장 중요한 것은 바로 절약이라고 일러준다. 성공한 사람의 대다수는 모두 좋은 저축 습관을 가지고 있다. 친구가 주는 어떠한 원조나 격려도 얇은 하나의 통장보다 못하다. 저축만이 성공할 수 있는 기초를 세워주고 자립하게 하는 힘을 가진다. 저축은 단단히 땅을 딛고 서게 할 수 있으며, 큰 용기를 내어 전심전력으로 성공의 목표에 이르게 할 수 있다. 만약 모두가 저축의 습관을 가진다면 전세계에 해악한 사람이 얼마나 많이 줄어들지 정말 알 수 없다."

거부인 요한 아스트가 노년에 이르러 이렇게 말했다. "내가 지금 10만 달러를 버는 것은 이전에 1천 달러를 버는 것보다 쉽지만, 만약 애초 1천 달러가 없었다면 이미 빈민굴에서 굶어 죽었을지도 모른다."

많은 사람은 계획 없이 지출해 자기도 모르는 사이에 돈을 흘려보낸다. 또한, 사람들은 돈을 몸에 지니고 다니는 습관을 가졌는데, 그것은 절제하지 못하고 지출하는 결과를 가져온다. 물론 돈을 은행에 예금하면 몸에 지닌 것보다 사용하기는 불편하다. 그렇다고 가지고 다니는 것은 너무도 바보 같은 일이다. 돈을 몸에 지니는 습관을 가진 사람은 흔히 돈을 쓰는 데 있어서 통제력을 잃을 수 있기 때문이다.

둘의 노력으로 여덟의 이윤 얻기

많은 경우에 둘의 노력만으로도 여덟의 이윤을 얻을 수 있다. 그러나 문제는 많은 사람이 둘의 노력이 무엇인지 모른다는 점이다.

따라서 먼저 찾아야 할 점은 기업 경영에서 어느 부문이 높은 이윤을 창조했고, 어느 부문이 억지로나마 수지를 맞추고, 어느 부문이 문제가 있는가 하는 점이다. 각종의 비교를 통해 어떤 것이 비교적 중요하고 또 어떤 것이 기업의 영리 활동에 극히 미미한 역할을 했는지 알 수 있다.

저평가되는 가치를 고부가가치로 바꿔 운용하는 것을 진보라고 부른다. 소수의 사람이 대다수의 가치를 증가시킨다. 고수익을 얻기 위한 활동은 단지 전체 기업 활동에서는 작은 부분일 뿐이다.

'무엇 무엇이 비교적 중요하다'라는 말은 어느 상황에서도 성립한다. 우리가 느끼기에 대다수의 것이 비교적 중요하게 보이지만, 정말 중요한 것은 오히려 있어도 되고 없어도 될 듯한 것처럼 보이곤 한다. 이 점을 이해하고 알고 있으면서도 '행하기 어려워' 즉시 방향을 바꿔 행동을 취해야 마땅한 데에 집중하지 못한다. 따라서 반드시 '핵심이 되는 소수'를 항상 염두에 두고 수시로 자신을 검토해야 한다. 비교적 많은 시간과 열정을 핵심이 되는 소수에 들이고 있는지, 그리고 핵심에서 벗어나 있는 다수에 낭비하고 있지는 않은지를 살펴야 한다.

돈은 돈을 낳는다

고대 바빌론에 아카드라는 유대인은 돈이 너무 많아 멀리까지 소문이 났었다고 한다. 아카드가 부자라는 사실 말고도 더 유명하게 된 이유는 다른 사람에게 돈을 쓰는데 조금도 인색하지 않았고, 집안사람들에게도 관대하였음에도 불구하고, 아카드의 매년 수입은 지출을 크게 초과하였다는 점이었다.

어느 날 어릴적 친구들이 찾아와 아카드에게 말했다. "아카드, 너는 우리보다 훨씬 행운아구나. 우리가 모두 겨우 먹고살 때 너는 이미 바빌론에서 첫째가는 부자가 되어서 가장 좋은 옷을 입고 가장 진귀한 음식을 즐길 수 있구나. 우리는 그저 가족에게 남 앞에 부끄럽지 않을 만큼의 옷과 맛있는 음식을 먹일 수 있다면 그것만으로도 대만족이란다.

그런데 어릴 때의 우리는 모두가 같았고 같은 선생님에게서 배웠으며 같은 놀이를 하며 지냈었지. 그 시절에는 공부나 놀이를 막론하고 너는 우리와 똑같았으며 조금도 뛰어난 데가 없었어. 자라 어른이 되어서도 너는 우리와 마찬가지로 그저 성실한 시민이었지. 그런데 지금 너는 부자가 되었고 우리는 겨우 가족을 먹이고 입히느라고 종일토록 이리저리 뛰어다녀야 하는구나.

우리가 관찰한 바에 따르면 너는 우리보다 더 많이 일하거나 성실한 것도 아니야. 그런데 운명의 신은 왜 너에게만은 모든 호사와 부귀를 누리게 하고 우리에게는 복을 조금도 주지 않는 것일까?"

그러자 아카드가 대답했다. "너희가 부유하게 지내지 못하는 것은 돈 버는 원칙을 배우지 못했거나 그 원칙을 실천하지 않았기 때문이야. 너희는 재산은 큰 나무와도 같이 자그마한 씨앗이 자라서 된다는 사실을 잊었어. 돈은 씨앗이고 너희가 부지런히 가꿀수록 빨리 자라는 거야."

돈은 돈을 낳을 수 있다. 돈의 마태효과를 이해하고 대담하게 당신의 돈으로 투자할 때만 비로소 진짜 부자가 될 수 있다.

브래드와 크리스는 절친한 친구였다. 그들은 졸업한 후에 같은 회사에 들어갔으며 전공도 같아서 회사에서 맡은 직책도 같고 받는 보수도 같았다. 또 두 사람은 대단히 검소하여 모두 매년 같은 액수의 돈을 모을 수 있었다.

그러나 재산을 모으는 방법은 완전히 달랐다. 브래드는 매년 모은 돈을 은행에 예금하였고, 크리스는 모은 돈을 분산하여 주식에 투자했다. 두 사람에게 공통된 점이 있었는데, 그것은 모두가 돈 관리하는 것을 별로 좋아하지 않는 점이었다. 그래서 그들은 모두 은행과 주식에 맡기고서 다시는 그 돈을 관리하지 않았다.

그렇게 40년이 흘렀다. 크리스는 수백만 달러를 가진 부자가 되었으나 브래드의 통장에는 십 수만 달러밖에 남지 않았다.

브래드는 자기 눈으로 예전의 친구가 백만장자가 된 것을 확인한 것이다. 그러나 자신은 어떠한가? 40년이 지나서도 끝내 집 한채도 살 수 없었다. 왜 이렇게 차이가 큰 것인가?

단지 재산을 다루는 방식이 다른 것만으로 전혀 다른 결과를 낳은 것이다. 자세히 살펴보면 가난한 사람은 늘 부자가 돈을 번 까닭을 운이 좋다거나, 부정하거나 위법적인 사업을 했다거나, 더노력해서 일했다거나, 근검절약했다거나 하는 데에 돌리고 있다는 점을 발견할 수 있다.

그러나 그런 사람들은 가난한 주요 원인으로 자신들이 투자를이해하지 못한 점이라는 것을 결코 생각하지 못한다. 대다수 부자의 재산은 부동산이나 주식인 데 비해, 대다수 가난한 사람의 재산은 은행에 있다. 그리고 그 가난한 사람들은 은행에 두는 것이가장 안전한 방법이라고 생각한다.

당신의 투자가 당신의 수입을 결정한다는 것을 인식했다면 마땅히 서둘러서 투자할 대상을 찾아야 한다. 당신이 어릴 때 나무씨앗 하나를 심는다면 그 나무는 당신처럼 점차 성장할 것이다.재산을 다루는 방법 역시 그와 같다.

일반적으로 수익을 극대화할 정확한 투자는 돈의 흐름을 돕는것이 되어서 시간이 흐른 후에 더 많은 돈이 당신에게 돌아올 것이다. 당신이 돈의 흐름을 돕는 것은 바로 당신을 부자로 만드는 길이다!

수많은 에너지 중 유일하게 돈은 휴대하기에 가장 적합한 방식으로 소화할 수 있는 개인 에너지이다. 당신은 돈으로 가장 믿을 만한 곳을 도와줄 수도 있고, 가장 좋아하는 일을 할 수도 있다.

다음과 같이 말할 수도 있다. 돈은 늘거나 줄어드는 형질을 지닌 에너지이기에 적절하게 사용한다면 오히려 더 많은 부를 가져올 수 있다. 마치 전설 속에 나오는 흔들면 돈이 떨어지는 나무와도 같다.

물론 어떤 사람은 돈을 보낸 후에 안전하게 돌아오지 못할까 걱정한다. 그래서 자신의 돈을 무작정 쌓아두기만 한다. 그러나 그렇게 한다면 돈의 흐름을 막는 것 외에 아무 이득도 없고, 당신은 영원히 돈이 돈을 몰고 오는 기쁨을 누릴 수 없다.

돈을 버는 일곱 가지 지혜

미국의 학자 클래이슨George S. Clason의 《바빌론 부자들의 돈 버는 지혜The Richest man in Babylon》는 우리를 6000년 전의 고대 도시 바빌론으로 데려간다. 이 도시는 일찍이 세상에 제일가는 부를 지녔던 것으로 알려졌으며 지금까지도 부와 호화로움의 상징으로 남아있다.

바빌론은 결코 풍부한 천연 자원을 지니지 않았다. 메마른 지대에 있어 삼림도 없는데다 별다른 자원도 없이 사람의 힘만으로 건설한 도시로서, 그 모든 것은 인간이 자연을 극복한 결과이다.

분명 바빌론의 가장 귀한 자원은 사람이다. 바빌론 사람들은 돈의 가치를 이해하고, 간단하며 효과적인 방법으로 재물을 유리하게 다루어 쓸 줄 알았다. 그리고 개인의 잠재력을 발휘하여 부를 얻고 세계에서 가장 위대한 도시를 건설했다. 비록 지금은 그 도시가 없어졌지만, 그들의 탁월한 지혜와 이재理財 원칙은 후세까지 전해져 많은 이익을 얻게 했다.

이 책에서 저자는 바빌론 최고 부자의 입을 통해 돈을 버는 일곱 가지 비결을 밝혔다.

✔ 첫째, 당신 지갑에 10달러가 있을 때 아무리 많이 써도 9달러까지만 쓰라.

✔ 둘째, 모든 지출에는 예산이 따라야 하며, 마땅히 정당한 일에 써야 한다.

✔ 셋째, 돈이 돈을 벌게 하는 수단을 발휘해 끊임없이 당신의 돈주머니에 흘러들어오게 하라.

✔ 넷째, 투자는 반드시 안전하고 믿을 만한 곳에 하라. 그래

야만 재산을 잃지 않는다.

✔ 다섯째, 자기 집을 가져야 한다. 바빌론 국왕이 도시를 둘러싼 웅대한 성곽을 가졌듯이 돈을 벌려는 굳은 의지를 가진 사람은 반드시 자기 집을 가질 능력이 있어야 한다.

✔ 여섯째, 노후와 가족을 위해 가능한 한 빨리 필요한 돈을 준비해야 한다.

✔ 일곱째, 자기의 능력을 배양하고 공부해 더 많은 지혜를 얻어야 한다. 그래야만 자기의 소망을 실현할 자신감이 생긴다.

바빌론의 일곱 가지 비결이 우리에게 무엇을 일깨우는가? 그것은 어떻게 돈과 관계를 맺는가 하는 것이다. 즉, 어떻게 돈을 벌고, 어떻게 돈을 모으며, 어떻게 쓰느냐는 것이다.

첫째 비결은 '10분의 1' 저축법이라고 부를 수 있다. 그 의미는 수입 이상으로 지출하지 말라는 것이다. 써버린 돈은 입을 것과 먹을 것으로만 바뀌지만, 모은 돈은 더 많은 돈을 벌어들일 수 있다.

둘째 비결은 어떻게 돈을 쓸 것인가를 가르쳐준다. 지출과 각가지 욕망을 하나로 묶지 말라는 것이다. 예산을 세우는 일은 당신으로 하여금 필수품을 살 수 있게 해주며 마땅히 누릴 것을 누리게 해주며 또 끝없는 욕망으로 지출이 수입을 초과하는 일이 없도록 해준다.

셋째와 넷째 비결은 투자할 것과 어떻게 투자할 것인가를 가르쳐준다. 당연히 주의해야 할 점은 투자하기 전에 그 위험성을 반드시 인식하는 것이다. 높은 이익을 얻기 위한 모험적인 투기는 취할 바가 아니다.

다섯째 비결이 강조하는 것은 사업과 재산은 개인이 성공하는 데 더없이 긍정적인 의미가 담겨있다는 점이다. 중국의 옛말에 '일정한 사업이 없으면 일정한 마음도 없다' 라고 하였다. 가정과 사업이 있을 때 자부심과 그것을 아끼는 마음이 생길 수 있고 또 더욱 자신감을 느끼고 더 노력할 수 있다.

여섯째 비결은 장래를 위해 투자하라는 것이다. 고대古代에 돈을 모으는 일반적인 방법은 땅에 묻어두는 것이었다. 그러나 지금은 더 좋은 선택이 있다. 각종의 보험 사업에 투자하는 것이다.

일곱째 비결은 앞의 여섯째와 다르다. 여기서 말하는 것은 돈이 아니라 돈의 주인이다. 누구나가 돈을 벌 수 있는 것은 아니며 돈을 벌려면 반드시 강렬한 신념과 욕망을 가져야 하며, 끊임없이 자신을 내적으로 충실하게 하고 끊임없이 진보해야 한다.

나폴레온 힐Napoleon Hill은 《생각하라! 그러면 부자가 되리라The Think and Grow Rich》에서 "많은 사람이 실패하는 이유는 실패를 극복할 방법에 대한 생각을 지속적으로 유지할 줄 모르기 때문이다"

라고 말했다. 만약 당신의 첫 번째 방법이 효과가 없을 때는 다른 방법으로 바꿔야 한다. 만약 그것도 안 통하면 다시 바꿔 효과적인 방법을 찾을 때까지 계속해야 한다.

세계적인 부호 마이클 델Michael Dell이 "나는 언제든지 파산할 수 있다. 그러나 나는 가난의 맛을 본 적이 없다"라고 말한 것처럼, 기억할 것은 '가난'은 단지 일종의 심리상태에 불과하다는 것이다. 두려움과 불안은 당신의 잠재의식을 가난에 파묻히게 하므로, 실패의 두려움은 머리 밖으로 내던져버려야 한다.

이른바 늦은 성공이 있을 뿐이지 진정한 실패란 없다. 잠깐의 실패는 아무것도 아니다. 단지 당신이 계속해나가기만 한다면 말이다. 당신은 이런 말들을 수도 없이 들었을 것이다. 그러나 지금은 실천할 때이다. 중도에 그만둔 사람은 승자가 된 적이 없으며, 승자는 절대로 중도에 그만두지 않는다.

어떠한 투자에서도 돈을 잃을 수 있다. 그러나 그것을 두려워할 필요는 없다. 그것은 어쩌면 기회일 수도 있다. 만약 당신이 매번 가진 실패에서 무엇인가를 배울 수 있다면 역전시킬 수 있다. 많은 사람이 평생 같은 잘못을 범한다. 그런 사람은 실패하게 되어 있다. 매번 잘못과 실패를 소중한 경험으로 삼고 다시 그 전철을 밟지 않는다면 당신의 모든 투자에 수익이 있을 것이다.

버리는 시간을 줄여라

어떤 사람은 시간도 늘어난다는 말을 매우 이상하게 여길 수도 있다. 왜냐하면 모든 사람의 시간은 같아서 하루가 더 늘어나지도 줄어들지도 않으며, 한 가지 일을 하는 데에 시간을 쓰면 다른 일을 하는 데에는 쓸 수 없기 때문이다.

그 말은 틀리지 않는다. 그러나 당신 주위사람을 자세히 관찰하여라. 늘 '시간이 부족하다' 라고 말하는 이는 누구이며, 일을 가장 많이 하는 이는 또 누구인가?

종일토록 시간이 부족하다고 말하는 사람은 묘하게도 일을 제일 적게 하는 사람이다. 어찌 된 일인가?

문제는 시간의 이용률이 다른 데에 있다. 시간 이용률이 높은 사람은 많은 시간을 절약할 수 있다. 그것은 시간을 늘리는 것에 해당한다.

일없이 한가한 노부인이 먼 곳에 사는 조카에게 엽서를 보내려고 온종일 시간을 허비했다. 엽서를 찾는 데에 한 시간, 안경을 찾는 데에 또 한 시간, 주소를 찾는 데에 삼십 분, 글을 쓰는 데에 한 시간 십오 분, 그런 후에 우체통에 엽서를 넣으러 가면서 우산을 가지고 가야 할지 아닐지를 생각하는데 이십 분을 썼다. 바쁜 사람이 했을 경우 3분이면 다 끝낼 수 있는 일을 이 노부인은 종일토록 망설이고, 걱정하며, 수고한 끝에 엽서를 부쳤고, 마치자마자 피곤이 몰려왔다.

일 처리가 신속하고 일의 효율이 높은 사람은 동시에 몇 가지 일을 맡고도 유쾌하게 감당해낸다. 그러나 행동이 더디고 이리저리 미루는 사람은 하루에 한 가지 일도 끝내지 못할 수 있다. 두 사람의 차이는 어디에 있는가? 전자는 이미 일을 하는 습관을 길렀으며 간단하고 신속한 일 처리 방법을 아는 것에 비해, 후자는 미룰 줄만 알고 늘 일을 끝내지 못하며 시간이 항상 부족하다는 점에 그 차이가 있다. 다음은 시간 이용률을 높이기 위한 건의이다.

✔ 할 일을 나열하라. 그것은 당신이 해야 할 하루 일과의 목표이다.

✔ 모든 일이 똑같이 중요한 것은 아니다. 먼저 가장 중요한 일을 계획대로 완성해야 한다.

✔ 각각의 일에 급한 정도를 정하라. 만약 중요하지 않고 급하지도 않은 일이라면 잠시 미루어도 된다.

✔ 80/20 법칙에 따르면 대다수의 사람은 중요한 일을 20퍼센트의 시간 안에 완성한다. 사람들은 일상적인 일에 빠져들기 쉽다. 그러나 효과적으로 시간을 사용하는 사람들은 우선 가장 관건이 되는 20퍼센트의 활동을 잘할 수 있도록 한다.

✔ 일의 능률이 높은 시간대를 이해하라. 사람마다 일을 하는 데 능률이 높은 주기가 있다. 어떤 사람은 오전에, 어떤 사람은 오후나 저녁에 일의 효율이 높다. 자신의 주기를 이해하고 합리적으로 일정을 배분할 줄 아는 사람은 능률을 뚜렷하게 높일 수 있다. 그들은 일 처리의 효율 주기가 가장 높을 때에 가장 중요한 일을 처리하며, 일상적이고 중요하지 않은 일은 효율이 낮은 때에 처리한다.

✔ 별로 중요하지 않은 일은 집중적으로 처리하며, 매일 약간의 시간을 남겨 전화를 한다거나 끝내지 않은 일 및 기타 사소한 일을 처리한다.

✔ 온전히 사용할 시간을 쪼개지 않도록 한다. 가능하다면 효율이 가장 좋은 시간대의 일정한 시간을 확보하여 자신이 온전히 사용할 수 있는 시간으로 만들어야 한다.

마태
효과 7

마태효과의 **규칙** 바꾸기

승자 독식의 사회에서 패자라고 가만히 앉아 도태
되기만을 기다릴 리 없다. 그들은 역전시킬 가장 중
요한 비장의 수단이 있는데, 그것은 게임의 규칙을
바꾸거나 게임의 장소를 바꾸는 것이다. 일단 게임
의 규칙이나 장소가 바뀌면 패자도 다시 살아날 수
있다.

승자가 규칙을 정한다

사회학자 로버트 프랭크Robert H. Frank 교수는 《승자 독식의 사회The Winner-Take-All Society》에서 마태효과의 현상에 대해 깊이 연구하였다. 프랭크 교수는 승자 독식 사회의 게임 규칙은 이미 승자가 정해 놓은 것이라고 하였다.

승자는 자신에게 유리하도록 경쟁 규칙을 정하는 존재가 된다. 규칙이 만들어지면 현존하는 여러 체제에서 기득권 집단을 형성할 수 있다. 만약 옛 규칙이 유리하다고 여기면 기득권 세력은 기존의 규칙을 굳히려고 힘쓰며 새로운 규칙의 선택을 막으려고 힘쓸 것이다. 반대로 새로운 규칙이 유리하다면 그 규칙이 광범위하게 쓰이도록 온 힘을 기울일 것이다.

기업인에게 마태효과는 기술 규칙과 표준 규격 방면에서 가장 두드러지게 나타난다. 시장의 승자는 기술 규칙과 표준 규격을 정함으로써 쉽게 시장을 독점하며 승자 독식을 이루어낼 수 있다. 따라서 누구든지 표준 규격 혹은 승자의 규격에 맞서는 규격을 수립할 수 있다면 바로 그가 마태효과의 수혜자이다.

현재 기업 간의 경쟁은 주로 '규격의 전쟁'이다. 마이크로소프트사가 지닌 PC 운영시스템의 독점적 지위가 PC의 소프트웨어 운영프로그램과 규격에서조차 독점적 지위를 차지하게 하였다. 그리고 다른 소프트웨어 회사는 모두 마이크로소프트사를 바라보고 따를 수밖에 없었다. 이것이 바로 마태효과를 가장 잘 설명한다.

많은 소프트웨어 개발사들은 자신들의 제품이 성능면에서 마이크로소프트사의 제품을 능가한다고 말한다.(적어도 어떤 영역이나 부분에서는 그렇다). 그러나 사람들은 보편적으로 마이크로소프트사의 제품을 사용한다. 그 이유는 마이크로소프트사의 신뢰도 때문이다. 도스DOS로부터 윈도우 시스템에 이르기까지 마이크로소프트사는 줄곧 PC 운영시스템의 대략 90퍼센트 이상의 시장을 차지하였는데, 이 점이 고객의 신뢰도를 쌓게 한 것이다. 그다음은 마이크로소프트사의 제품을 사용하면 다른 제품을 사용하는 것보다 더 나은 호환성이 있기 때문이다. 물론 마이크로소프트 제품 자체의 우수한 기능이 하나의 원인이다. 그러나 더 중요한 원인은 절대다수의 하드웨어와 소프트웨어 개발사들이 마이크로소프트와 호환되지 않는 제품이나 시스템을 시도하지 않는 데에 있다. 그것은 자기 무덤을 파는 것과 같다. 바꿔 말하면 마이크로소프트사는 다른 제품과의 호환을 고려할 필요가 없으나 다른 많은 제품은 마이크로소프트사와의 호환을 반드시 고려해야 하는 문제이다. 그리고 영향력이 크지 않은 제품은 설사 그 성능이 아주 우수하여도 마이크로소프트사와 같은 대우를 받을 수 없다.

IT 시대의 등장은 부가가치의 규모를 확장하며 고객이 증가했고, 제품의 표준화에 따라 더 많은 기업이 활동할 수 있는 기회의 장을 줌으로써 수익의 증가 역시 가속화되고 있다. 따라서 표준화와 대규모화는 원가의 절감과 경제적인 이익을 높인다는 것을 의미하며, 이것은 IT 시대의 모든 회사가 추구하는 목표이다. 전자정보산업은 많은 제품의 규격이 아직 표준화되지 않아서 누구라도 표준화된 규격을 만들어낼 수 있다면 그가 바로 승자 독식을 실현할 기회를 갖는다. 그래서 지금 기업 간의 경쟁은 대부분이 '규격과의 전쟁'인 것이다.

만약 어떤 기업이 자사의 제품을 표준화하고 시장의 주류로 형성할 능력을 갖췄다면 해당 제품의 가치는 더욱 높아진다. 시장에서 주류 제품의 사용가치는 이미 그 물질가치를 크게 초월한다. 여러 방면에서 표준화한 제품을 생산한 사람조차 미처 생각하지 못한 정도라서 가격이 아무리 높다고 해도 누군가는 사려 한다.

이것만 놓고 본다면 가격이 높으면 적게 사고 낮으면 많이 산다는 수요공급의 법칙이 전자정보산업의 제품에는 작용하지 않는 듯하다. IT 시대의 새로운 수요공급의 법칙은 사용자가 많을수록 값이 비싸진다거나 '주변수익이 올라간다' 라는 것이다.

고도의 기술이나 신기술을 핵심 경쟁력으로 삼는 모든 기업은 보유한 앞선 기술을 바탕으로 대규모 경영을 통해 원가를 절감할 수 있으며, 동종 기업에 같은 기술을 채택하도록 유도하고 나아가 협력 효과를 낳을 수 있다. 즉, 업계에서 유행하는 기술은 그것이 더 유행하리라고 믿게 하며, 그리하여 자기 강화의 선순환을 이루고 나아가 경쟁상대를 이길 수 있게 만든다.

그러나 새로운 기술이 어떤 이유로 시장에 늦게 진입한다면 제품의 사용자를 충분히 확보할 수 없다. 사용자가 충분하지 못하면 기술개발 비용을 회수할 수 없으며, 나아가 다시 새로운 기술을 개발할 수 없다. 그리하여 악순환에 빠지게 된다.

자신만의 규칙을 세워라

거대한 공룡이 천재지변으로 전멸하였는데도 약한 포유류 동물이 재난을 피한 것과 마찬가지로 지금의 거대한 변화는 흔히 '한

번 강자는 영원한 강자'라는 규칙을 깰 수 있는 가장 좋은 기회가 된다. 30년 전에는 마이크로소프트사가 존재하지도 않았는데 지금은 이미 미래를 주도할 중요한 역량의 하나가 된 점을 생각해보라. 만약 컴퓨터 기술이 비약적으로 발전하지 않았다면 그런 일은 《아라비안나이트》에서나 있을 법한 일이다.

여기서 주의할 점이 있다. 때로 큰 회사가 이런저런 이유로 도산할 수도 있다. 그러나 마태효과는 여전히 유효하다. 격렬한 경쟁의 이 세계에서 승리하기 바란다면, 심지어 겨우겨우 생존만을 바란다고 해도 당신은 반드시 기회를 포착하여 자신을 최대한 강화해야 한다.

기술의 시대에서 표준이나 규격은 예리한 칼이다. 오늘날 무수한 회사나 개인이 특허를 신청하여 자신이 어떤 기술을 특수하게 소유한 존재가 되기를 바란다. 당신이 어떤 영역에서 자신의 표준이나 규칙을 만들어내고, 그 규칙이 모두의 규칙이 되게 할 수 있다면 당신이 바로 절대적인 승자가 된다!

한 길만을 고집하지 마라

경영자로서 당신은 비록 경영상 많은 어려움이 있다고 해도 견뎌내기만 한다면 성공이 찾아올 것이라는 생각을 했을 것이다. 또 많은 사람이 어쩌면 다음과 같은 생각을 했을 수도 있다.

성공한 기업도 시작할 때에는 어려움이 있었으며, 그 어려움을 극복한 후에야 탄탄대로가 열렸다. 만약 날이 밝기 직전의 여명기에 포기한다면 두 번째 기회는 없다는 생각이 그것이다.

그런 생각이 그리 잘못된 것은 아니다. 그러나 문제는 당신이 선택한 경영 방법 자체에 극복할 수 없는 문제가 존재하거나 선택한 길 자체가 잘못된 것이라면 견뎌낸다는 것이 아무런 의미도 없다는 데에 있다.

따라서 견뎌낼 것인가 아닌가는 당신의 처음 선택이 정확했는가에 달렸다. 만약 최초의 선택에 문제가 있다면 길을 바꾸어 다른 조목條目을 선택하고 전망이 보이지 않는 같은 길만을 가서는 안 된다. 그래도 무시하고 한 길만을 나아간다면 곧바로 파산의 곤경에 빠질 것이다.

개인에게 있어서도 마찬가지이다.

일반 사람들이 성장하지 못하는 큰 원인은 자신이 가진 잠재력을 발휘하지 못하는 데에 있다. 그런 상황이 발생하는 가장 중요한 원인은 일과 적성이 맞지 않는다는 것이다.

개인의 능력은 사람마다 얼마간 차이가 있으며, 그 점은 확실히 부인할 수 없다. 그러나 능력의 발휘는 환경의 영향을 크게 받는다.

따라서 당신은 자신의 개성을 말살하지 말아야 하며 자신의 능력을 완전하게 발휘해야 한다. 사람이란 좋은 기회를 만나면 눈부신 빛을 발할 수 있기 때문에, 적성에 맞는 일을 일찍 찾으면 일찍 찾을수록 그만큼 일찍 성공할 수 있다. 자신에게 적합한 일이라면 일할 때에 유쾌할 뿐만 아니라 일을 즐기므로 피곤하지 않으며, 창의력과 열정도 끊이지 않고, 동시에 일에서 자신의 발전 가능성을 찾을 수 있다.

따라서 자신이 어떤 일에 적합한지 먼저 알아야 한다. 이미 그것을 알았다면 자신의 소질을 이용해 적극적으로 행동에 옮겨야 한다. 꼭 알아야 할 것은 피동적으로 기다리기만 한다면 영원히 현재 상태를 바꿀 수 없다는 사실이다.

구르는 돌이 될 것인가

일본 속담에 '구르는 돌에는 이끼가 끼지 않는다' 라는 말이 있다. 미국에도 비슷한 말이 있다. 그러나 이 말의 해석은 미국과 일본 사이에 큰 차이가 있다.

일본에서 이 말은 한 곳에 정착하지 못하고 여기저기 떠돌아다니면 현실적인 이익을 얻을 수 없음을 가리킨다. 여기에서의 이끼는 경험, 자산, 기교, 신용 등을 가리킨다. 그러나 미국에서의 의미는 일본의 경우와 완전히 상반된다. 줄곧 굴러 움직이는 돌이라야 이끼가 끼지 않는다는 의미이다. 여기에서의 이끼는 경직된 사고와 행동 방식을 가리킨다. 유능하고 창조적이며 진취적인 사람에게 있어서 현상을 유지하는 것은 곰팡이가 핌을 의미한다.

여기에서 미국과 일본 간에 이직移職에 대한 생각의 차이가 몹시 크다는 사실을 알 수 있다. 그것은 동양과 서양의 특유한 문화 차이를 반영하며, 사람들의 일자리 전환에 대한 모순된 심리를 반영하기도 한다.

첫 번째 일자리가 반드시 가장 이상적인 것은 아니며 또 가장 적합한 것도 아니다. 특히, 막 사회에 뛰어들어 일을 시작할 때는 누구나 젊어서 자신과 사회에 대해 깊이 이해하지 못한다. 이때의 선택은 정확하지 않을 가능성이 있다. 더욱이 당신의 선택을 기다리는 이상적인 일자리도 많을 리 없다.

대다수의 사람은 모두 자기의 일에 약간의 염증을 느낀다. 그러나 정말로 그곳을 뛰쳐나오는 사람은 많지 않다. 왜냐하면 일을 바꾸기가 결코 쉽지 않다는 것을 알기 때문이다. 일본 속담이 말하듯이, 원래의 일을 그만두고 새로운 일을 한다면 그가 입는 손실은 대단히 크다. 그가 여러 해 동안 쌓은 경력, 직위, 경험과 대인 관계 등을 모두 잃을 수 있다. 다시 말하자면 지금의 위치에 오르기까지 쌓은 업적 모두가 사라질 수 있다. 또 사람에게는 행위

방식과 심리적 타성이 있어서 일정한 연령에 도달하면 경험은 좀 늘지만 창조적인 행동은 적잖게 줄어든다. 그것도 일종의 자원의 손실이어서 많은 사람이 새로 도전할 용기와 결심을 방해할 수 있다. 여기에서 마태효과가 만든 진퇴양난의 함정에 처하게 된다.

✔ 우리의 성공 자원이 더욱 성장성을 갖게 하려면 일을 바꿔야 한다.
✔ 우리의 성공 자원이 줄어들지 않게 하려면 일을 바꾸지 말아야 한다.

이런 진퇴양난을 접하게 된다면 어떤 선택을 할 것인가?

중국에는 '세 번 생각한 후에 행하라' 라는 말이 있다. 어떤 문제에 대해서나 객관적이고 냉정하게 평가하고 그 이점과 폐단을 헤아린 연후에 판단하라는 것이다.

이 국면의 초점은 자원의 성장성과 자원의 소모 사이의 모순이다. 일을 바꿀 것인가에 대해 결정하기 전에, 당신은 자신에게 몇 가지 문제를 물어보아야 한다.

✔ 내 본래의 일이 지닌 발전 가능한 공간이 제한적인가? 자원이 증가할 수 있는 공간이 이미 없어진 것은 아닌가?

✔ 내 일을 내가 정말로 좋아하는가?(혹은 싫어하는가?) 흥미는 가장 좋은 스승이다. 만약 누군가 오랫동안 자기가 싫어하는 일에 종사하고 있다면 그는 그 안에서 즐거움을 얻기 어려울 뿐만 아니라 큰 성과도 얻기 어렵다.

✔ 새로운 일에 대해 내가 잘 알고 있는가? 그 일에서 이루어 낼 자원의 증가가 예전보다 크게 넘어설 수 있는가?

✔ 나와 내 가족은 이 일의 전환이 미칠 영향을 견뎌낼 수 있는가? 만약 자기의 일이 할 만한 가치와 의미가 없다고 느낀다면 냉소적이게 되고 대충대충 하려는 태도를 보일 것이다. 그렇다면 성공할 가능성은 줄어들 것이며, 성공한다고 해도 큰 성취감을 느끼지 못할 것이다.

온전한 자기 자리 찾기

만약 당신이 자신의 앞날이 암담한 처지에 놓인 것을 발견한다면 자신과 일에 대해 다시금 평가해야만 한다. 당신은 어떤 사람인가? 삶에서 당신의 위치는 어디에 있는 것인가? 하나의 개념으로 당신의 위치를 개괄적으로 말할 수 있는가? 만약 할 수 있다면 당신은 자신의 직업을 통해서도 그 위치를 확립하고 이용할 수 있는가?

수시로 일자리를 뛰쳐나와 마지막에는 아무것도 이루지 못한 어떤 박사가 다음과 같이 한탄한 적이 있다. "만약 아이를 상대하는 인내심으로 일을 대할 수 있었다면, 그리고 결혼을 대하는 신중함으로 거취를 선택했다면 나는 확실히 다른 모습이었을 것이다!"

세상에는 모든 것에 능한 존재는 없다. 당신은 역량을 다해도 한 방면에서만 성공할 수 있다. 극렬한 경쟁의 시대에 당신은 온 힘을 집중하여 당신에게 가장 적합한 방향에 전력투구해야만 큰일을 이루어낼 수 있다.

정확한 자리를 정하려고, 그리고 가장 좋은 합치점을 제대로 찾아내려고, 심리학자들이 많은 측정도구를 우리에게 찾아주었다. 어떤 기업들은 구직자에게 각자 개성의 측정을 요구하기도 한다. 각기 다른 개성을 지닌 사람들을 가장 적당한 자리에 놓아야만 비로소 최대의 잠재력을 발휘할 수 있다는 것을 알기 때문이었다.

예를 들어, 새로운 것만을 좋아하고 옛것을 싫어하는 사람은 보수적인 기업에는 수시로 회사나 상사를 비판하게 되어 골칫거리가 될 수 있다. 그러나 그가 창의적인 방면의 일에 종사한다면 크게 환영받을 수 있다. 왜냐하면 그는 늘 새로운 발상을 제시할 수 있기 때문이다.

사람은 본질적으로 옛것을 떠나기 싫어하게 되어있다. 그러나 어떤 일이 대세로 보아 이미 희망이 없다면 신속히 포기하고 새 길을 찾아야 한다. 자신의 인생을 낭비해서는 안 된다. 무엇을 하려고 하는 것과 무엇을 할 수 있는 것은 별개이다. 반드시 할 수 있는 범위에서 하려고 노력해야만 한다.

당신이 만약 어떤 영역에서 오랫동안 좋은 결과를 내지 못했다면 자신에게 더 적합한 일로 바꾸는 것이 낫다. 허영심을 버려라. 설령 등급을 하나 낮춘들 어떻겠는가? 자신의 특기를 발휘할 수만 있다면 더 큰 성과를 이룰 수 있으며 새로운 인생 가치를 찾을 수 있다.

중국의 속담에 '익숙해지면 솜씨가 생겨난다' 라는 말이 있다. 재능은(혹은 천부적 소질은) 더욱 그렇다. 당신의 재능은 끊임없이 응용할 때에야 비로소 더욱 뛰어나고 익어갈 수 있다.

화가는 끊임없이 그림을 그리고, 음악인은 매일 여러 시간 심지어 열댓 시간을 들여 연습한다. 이는 모두가 자신의 재능을 더욱 뛰어나게 하기 위한 것이다. 예술가만이 그런 것이 아니다. 우리 주위를 둘러보면 일의 효율과 수준이 가장 높은 사람은 모두가 끊임없는 노력 속에서 재능을 충분히 발휘할 수 있게 만든 사람들이다. 재능은 고정되어 있는 것이 아니고 끊임없는 단련 속에서 자라난다. 실천 속에서 비로소 자신의 부족한 면을 발견할 수 있고, 어려움을 극복하는 과정에서 자연히 재능을 높일 수 있다.

재능을 높이는 비결로 사람들이 아직 모르는 것이 있다. 자기의 강점을 최고치까지 발휘하여 어떤 영역에서 최고의 고수가 되도록 하는 것이 그것이다.

타이거 우즈Tiger Woods에게도 치명적인 약점이 있었다. 그것은 공이 잔디가 아닌 모래로 떨어졌을 때 스윙이 시원치 않다는 것이었다. 우즈는 끊임없는 연습으로 약점을 극복하고자 노력했다. 하지만, 약점은 사람이 본질적으로 가진 성격과도 같아서 완벽히 벗어날 수는 없었다. 그래서 '강산은 바꾸기 쉬워도 본성은 바꾸기 쉽지 않다' 라고 말하는지 모른다.

후일 우즈와 코치는 방법을 바꾸기로 결정하였다. 기존 모래밭에서의 집중적인 연습을 평상시 하는 연습으로 대체하고, 약점이 두드러지지 않게만 하였다. 그러고는 약점을 벗어나려고 연습하던 시간에 자신의 강점을 연마하는데 투자하였다. 결과적으로 우즈의 스윙이 보이는 강점은 더욱 두드러지고 정교해져 경기에서 더욱 연전연승하였다.

수크는 한 이탈리아 식당에서 요리를 배울 때에 어느 것도 잘하지 못하였다. 새우를 구우면 태웠고, 국수를 끓이면 죽이 되었다. 다만, 티라미스Tiramisu 치즈 케이크를 만드는 재주는 그런대로 괜찮아서 치즈와 초콜릿의 향기를 잘 조절하여 입에서 매끄럽고 독특한 느낌이 들게 하였다. 바로 그 점 때문에 주방장은 그를 쫓아내지 않고 데리고 있었다. 그러나 세월이 지나도 수커는 여전히 채소를 써는 일을 하였다. 그가 케이크를 잘 만들기는 하였지만 국수를 끓이도록 할 수는 없었기 때문이었다. 어느 날 수크는 최고수가 나오는 텔레비전 프로그램에서 일본 요리사가 정성껏 케이크를 만드는 남다른 모습을 보고는 눈물이 나도록 감동하였다. 그리고 순간 깨달았다. 왜 나는 줄곧 약점에만 매달려있었던 것일까? 당연히 내가 가장 잘할 수 있는 쪽으로 나아가야겠다!

수크는 이탈리아 식당을 사직하고 한 유럽식 빵집에 가서 연수생이 되었다. 과연 수크의 케이크에 대한 예술성이 잘 발휘되어 이탈리아 식당에 있을 때보다 수십 배의 능력을 보였다. 수크는 결국 케이크 전문 요리사가 되었을 뿐 아니라 자신만의 케이크 가게를 열었다.

무한한 인간의 잠재력

비록 마태효과가 성공하지 못한 사람들의 출발을 어렵게 만들기는 하지만, 그들도 자신들의 잠재력을 모두 발휘할 수 있다면 성공할 수 있다.

플라톤Platon은 일찍이 다음과 같이 지적하였다. "인류는 타고난 지혜를 지녔다. 인류가 지닐 수 있는 지식은 한이 없다."

대략 90퍼센트에서 95퍼센트의 인간이 지닌 잠재력은 모두 제대로 이용되거나 발휘되지 않는다. 우리는 각자 모두가 발굴되기를 기다리는 거대한 잠재력을 지닌 것이다.

이른바 잠재력은 보통 신체나 지능 방면에 존재하는 발전 가능성을 가리킨다. 사람의 성장기에 따르면 생명 성장의 각 단계와 유전적 요소가 다름에 따라 각자가 여러 잠재력을 지닌다. 잠재력 개발의 본질은 태어났을 때부터 지닌 능력을 이끌어내어 이미 얻은 지식과 새 지식을 통해 재능을 발휘하는 것이다.

인간의 잠재력은 무한해서 할 수 있는 것은 생각보다 훨씬 많아, 당신이 그 무엇을 생각하면 그 무엇이 바로 당신이다!

캐나다 병상심리학자 한스 셀리Hans Selye은 《꿈속의 발견From Dream to Discovery》에서 인간의 대뇌가 지닌 지능의 에너지는 원자력의 물리적 에너지만큼 거대하다는 가정을 세웠다. 즉, 인간의 창조적 잠재력은 무한하며 끝이 없다는 것이다.

'통제론의 대부'라고 불리는 와이너Nobert Wiener의 말에 따르면 비록 빛나는 성과를 올린 사람일지라도 그가 일생 이용한 대뇌의 잠재력은 100억 분의 1도 안 된다고 한다. 이어서 인간의 뇌는 원칙적으로 대량의 정보를 보관할 수 있어서 각자의 대뇌는 세계 최대의 도서관이 지닌 정보 전체를 기억할 수 있다고 한다.

따라서 인간의 자기완성과 도덕적 초월은 영원해서 할 수 있는 일은 끝이 없으며, 좋은 일은 많을수록 좋고, 사회적 공헌은 클수록 좋다.

그렇다면 우리는 어떻게 우리의 잠재력을 석방해야 하는가?

인간의 잠재력을 이끌어내려면 내면에 잠긴 재능을 발휘할 수 있도록 그 에너지가 활동하는 상태에 들어가게 해야만 한다. 만약 한 조직체의 모든 구성원의 에너지가 모두 활동 상태에 들어간다면 그 조직체에는 핵반응 효과가 가져올 것이다.

잠재력 발동의 전제조건은 모두가 무한한 잠재력을 지녔고, 잠재력이 아직 나타나지 않았다는 것을 믿는 것이다. 비록 사람은 자신을 독려(督勵)해 잠재력을 이끌어 낼 수 있지만, 믿을 만하고 적용할 만한 방법은 외부적인 요인을 통해 재능을 개발하는 것이다. 자기 독려는 강한 의지력이 필요하나 외부 요인에 의한 잠재력의 발휘는 인간의 본능적 반응으로 그 자체가 열정적으로 경기에 임하는 것과 같은 효과가 있기 때문이다.

누구나 한가지 재능은 있다

일반적으로 사람들은 자신이 특별한 소질을 지닌 일을 좋아하게 되어있으며, 소질이 있는 일을 하면 충분한 열정으로 성공을 거둘 수 있다.

카스파로프Gary Kasparov는 15세에 국제 체스 챔피언이 되었으나, 그가 흘린 땀과 수많은 노력만으로 챔피언이 되었다고 말하기 어려울지 모른다. 대다수의 사람은 어떤 특정한 방면에 특수한 천부적 능력과 훌륭한 소질을 지녔다. 설령 바보같이 보이는 사람이라도 어떤 특정한 방면에는 뛰어난 재능을 가졌을 수 있다.

반 고흐Vincent van Gogh는 여러 방면에서 평범하였으나 그림 그리기에서만큼은 천재였다. 아인슈타인은 좋은 학생은 되지 못했지만 상대성이론을 제기할 수 있었다. 코난 도일Arthur Conan Doyle은 의사로서는 이름을 얻지 못했지만 소설을 써서 이름을 날렸다.

누구에게나 자신의 특기와 천부적 소질이 있다. 그리고 특기와 관련된 일에 종사한다면 쉽게 성공을 거둘 수 있으나, 그렇지 못하면 적잖이 자신을 매몰하게 된다.

기업으로 말하자면 직원의 성격적 특징을 잘 분석하여 합리적으로 일을 분배해야 한다.

일정한 위험성과 어려움이 있는 일은 성취욕이 비교적 강한 직원으로 하여금 단독으로 혹은 책임자가 되어 끝내도록 하는 것이 가장 좋다. 화합력이 비교적 강한 직원은 당연히 단체의 일에 참여시켜야 한다. 권력욕이 비교적 강한 직원은 그 능력에 알맞은 책임자 역할을 맡도록 해야 한다. 동시에 직원들에게 기업 목표에 대한 인식을 강화하고, 중요한 의미를 알게 한다면 일에 대한 열정을 더 잘 발휘할 수 있다.

유전공학 분야의 연구 성과에 의하면 인간의 정상적이고 중간급의 지능은 한 쌍의 인자에 의해 결정되며, 부차적인 다섯 쌍의 인자가 더 있어 인간의 특수한 소질을 결정하거나 지능을 높이고 낮추는 작용을 한다고 한다.

즉, 인간의 부차적인 다섯 쌍의 인자 중 한두 쌍은 '양호'한 것으로, 일반적으로 사람은 어떤 특정한 방면에서 특별한 소질을 가지고 있을 수 있다. 따라서 현실의 환경을 원망하거나 앉아서 기회를 기다려서는 안 된다. 누구나 자기의 특기에 근거하여 자신을 설계하고, 자기의 조건, 재능, 소질과 흥미에 근거하여 나아갈 방향을 결정해야 한다.

또한, 사람은 세계를 잘 관찰할 수 있어야 할 뿐만 아니라 자기도 잘 관찰할 수 있어야 한다.

톰슨Sir Joseph John Thomson은 '둔한 두 손' 때문에 실험도구를 처리하는 데에 많은 불편을 느꼈다. 나중에 톰슨은 실험 물리보다는 이론 물리에 집중적인 연구를 하였다. 그리고 실험 물리에 특별한 재능을 지닌 조수를 찾아 자신의 약점을 피해가는 능력을 발휘하였다. 아이작 아시모프Isaac Asimov는 SF 작가인 동시에 과학자였다. 어느 날 오전 아시모프는 타자를 치다가 "나는 최고의 과학자가 될 수는 없지만 최고의 SF 작가는 될 수 있다"라고 깨달았다. 그리하여 거의 모든 열정을 소설을 창작하는 데에 힘써 당대에 가장 저명한 SF 작가가 되었다. 뢴트겐Wilhelm Conrad Röntgen은 원래 공학을 공부했으나 스승 쿤트August Kundt의 영향으로 흥미로운 물리 실험을 하게 되었다. 그런 실험에서 점점 물리학이 자신에게 가장 적합한 일이라는 것을 깨닫게 되었으며, 후일 X선을 발견하고 노벨 물리학상을 받았다.

끊임없이 변화하는 세계에 대처하라

마태효과는 '빈익빈 부익부'를 가져오지만, 가난한 자와 약한 자라고 영원히 깊은 바다 밑에 가라앉아 있을 수만은 없다. 그들에게도 역전의 기회가 있다.

보통 '세상일은 변화무쌍하다'라고 말한다. 현대를 살아가는데 이 말은 절대적으로 옳은 말이다.

이렇게 한치 앞도 알 수 없게 변화하는 분위기는, 성공하지 못한 많은 개인과 회사에는 마태효과를 극복할 수 있는 유일하고도 성공할 기회이기도 하다.

변화무쌍한 시대에 많은 조직은 이미 그 거대한 영향을 느끼고 있다. 기업은 어떻게 대처해야 마땅한가? 원가를 절감하고 지출을 줄인 연후에 경제적으로 자신감이 천천히 회복되기를 바라는 것이 하나의 해결 방법이다. 다른 방법 하나는 '분발하여 전진' 하는 것으로서 파도가 넘실대는 바다에서 업무라는 배를 신속히 통제하고 운전하는 것이다.

이전에는 정책을 정하는 방법으로 하나의 가정에 기초를 두고 있었다. 정확히 분석된 자료를 사용한다면 앞으로의 발전 가능성을 예측할 수 있으며, 나아가 정책적 발전 방향을 선택할 수 있다는 가정이다. 그렇다면 이러한 변화무쌍한 세계에서 우리는 어떤 원칙을 따라야 실패의 길을 피할 수 있는가?

✔ 긍정적인 사고

불안정한 시대에는 단단한 손과 흔들리지 않는 머리가 필요하다. 부정적인 생각은 두려움만을 가져올 뿐이므로, 긍정적인 생각을 하는 것이 매우 중요하다. 우리는 마땅히 매일 매일의 도전을 새로운 기회로 간주해야 하며 맥이 빠지게 하는 부담으로 보아서는 안 된다.

✔ 자체 업무에 대한 인식의 강화

한 기업 내부에 발생하는 모든 일을 손바닥 들여다보듯이 이해하는 것은 어려운 일이다. 그러나 과학 기술은 업무에 대한 이해를 도와줄 수 있다. 오늘날에는 세계 어떤 구석에서도 계정, 이윤, 잔고, 유통 및 기타 자료를 실시간으로 입력하거나 알아볼 수 있다. 지도층은 몇 주 전의 자료가 아닌 바로 당시의 업무 상황에 근거하여 결정을 내릴 수가 있다. 이메일이나 쪽지의 형식으로 만들어진 정보를 손쉽게 발송할 수 있으며, 기업의 문제점도 제때에 발견할 수 있다.

당신은 관련 자료의 분석을 통해 기업 전체의 효율을 평가할 수 있다. 다음과 같은 상황을 생각해볼 수 있다.

아태지역에 있는 재무 책임자가 자신의 전문 업무 운영을 연구하고 있다. 그는 지역의 보고서를 읽고 "우리 싱가포르 사무소에도 중국어를 할 줄 아는 직원이 있는데, 왜 홍콩 사무소에서는 일거리를 중국에 있는 제3자에게 넘기는가?"하고 물을 수도 있다. 중앙 시스템이 없다면 기업은 거대한 예금을 잃을 수도 있으며 또 불필요한 부담을 질 수도 있다.

적절한 과학 기술로 문제를 해결할 방법만 뒷받침된다면 기업은 신속하게 더 나은 결정을 내릴 수가 있으며, 동시에 업무 환경 및 권한 부여의 문제도 개선할 수 있다. 그렇게 함으로써 기업은 장기적으로 원가 절감의 효과를 얻을 수 있게 된다.

✔ 원가와 현금의 통제력 제고

상세한 업무 자료는 재무 책임자의 첫째가는 무기이다. 이 방법은 기업으로 하여금 일정한 비용을 지출하게 하며 비교적 장기적인 방책으로 원가를 통제하게 한다. 그러나 적당한 시스템을 마련한다면 기업은 알맞은 때에 투자 결과를 얻을 수 있다.

현재의 과학 기술은 각기 다른 경로로 기업의 원가 통제를 도울 수 있다. 시간과 지출을 효과적으로 기록하고 행정 업무를 간소화함으로써 회사는 전표 발행에 드는 시간을 줄이고 현금 확보력을 강화할 수 있다.

재무 장부를 더 신속하게 만들 수 있다면 관리자는 더 빠르게 대응할 수 있다. 예를 들어, 매월 회계 장부를 만드는 데에 2주일이 필요하다면 다음 달이나 되어야 완성된다. 따라서 관리자는 그에 상응하는 행동을 취할 충분한 시간을 가지지 못한다. 실시간으로 확인 가능한 프로그램을 사용한다면 관리자는 며칠 지나지 않아 재무 장부를 만들고 그것을 분석할 수 있다.

또한, 과학 기술은 회사의 정확한 항목별 이윤 분석을 도울 수 있다. 따라서 회사는 가장 많은 이윤이 발생하는 계약(재무 및 관리)에 전념할 수 있으며, 이전의 잘못한 계약을 반면교사反面教師로 삼을 수 있다. 그렇게 더욱 긴밀하게 자원을 관리할 수 있으므로 담당자는 더 효과적으로 인적 자원을 운영할 수 있다. 그런 방식으로 접촉과 소통을 개선할 수 있으며, 나아가 고객 서비스를 증대시킬 수 있다. 그리하여 회사는 잠재적인 고객을 찾아내고 붙잡아둘 수 있다. 또 보유하고 있는 현금을 확인할 수 있으며, 판매가 부진한 제품 라인을 제때에 식별할 수 있어 자금이 장시간 묶이지 않는다. 진정으로 원가 통제를 개선하려는 회사에는 그 대가가 여러 방면으로 온다. 조직을 더욱 완전하고 체계적으로 만들어 업무력을 강화시키고, 현금의 흐름을 자유롭게 해 비교적 적은 비용으로도 현실적인 미래를 계획할 수 있게 한다. 이는 회사의 탄력성을 더해주며 직원의 자신감도 증대된다.

변화에 대한 효과적인 처방은 통제를 강화하는 것이다. 각 영역이 받는 영향은 다르므로 깊이 있는 연구로 해당 영역의 상황에 대해 심도 있고 적절하게 이해하는 것이 중요하며, 그것은 또 통제 강화에 도움이 된다. 그런 방법의 채택은 변화의 영향을 낮출 수 있을 뿐 아니라, 더욱더 업무를 공고하게 하고 주주의 신뢰도 역시 강화할 수 있다.

만약 기업이 적절하고 위험이 적으며, 비용이 낮은 과학기술정보 솔루션에 현명하게 투자할 수 있다면 그 기업은 바로 필요한 지식을 얻어 통제력을 확보하고 두려움을 낮출 수 있으며, 변화무쌍한 세계에서 안정적으로 나아갈 수 있을 것이다.

"죽느냐 사느냐, 그것이 문제로다"라고 말한 햄릿과 마찬가지로 기업의 세계에도 경영자를 곤경에 빠뜨리는 문제가 있다. 그것은 변할 것이냐 변하지 않을 것이냐는 문제이다.

수백 년간의 기업 흥망사를 보면 변화하여 새롭게 태어난 회사가 있으며, 마찬가지로 변화하여 멸망을 재촉한 예도 수없이 많다.

새로운 기술 혁명이 급속한 변화를 몰고 온 시대에 확실히 말할 수 있는 점은, 회사 경영 환경에 시시각각으로 자연스럽게 변화가 발생한다는 점이다. 처음에는 언제까지라도 문제가 없으리라고 여겨지던 유제품이 유통기한이 지나고 나면 흔적도 없이 사라졌음을 알 수 있다. 그렇다면 기업 경영에서 고수해야 할 것은 무엇인가? 어떤 것이 때맞춰 변해야 할 것이며 또 어떤 것을 힘껏 다져 나가야 할 것인가?

발전하는 회사의 선택은 핵심을 보존하는 동시에 진보성을 강화하며, 양쪽을 잘 결합하여 평화적으로 공존시켜 상호 협조, 보완하고 강화하는 것이다.

핵심 이념은 일관된 기초를 제공하여 멀리 내다보는 회사로 하여금 발전과 시험과 변화를 통하여 진보하게 한다. 회사는 무엇이 핵심인가를 분명히 이해하기 때문에 더 쉽게 핵심에 속하지 않는 일에 변화와 행동을 추구할 수 있다.

진보를 추구하는 원동력은 핵심 이념을 강화하는 것이다. 만약 지속적인 전진이 없이 변화를 모르는 이념만을 견지하는 회사는 변화무쌍한 세계에서 낙오하며 더는 성장하지 못할 뿐만 아니라 생존조차 할 수 없기 때문이다.

영원한 승자는 없다

한 기업이 생존하느냐, 이윤을 남기느냐의 여부는 그 기업의 창조적이고 변혁 정신의 여부에 의해 결정된다. 투자자의 성공 역시 창조적인 정신의 여부에 의해 결정된다. 변화무쌍한 세계에서 우리는 반드시 세계의 변화를 따라가야 한다.

세계 경제가 발전해나가는 두 가지 특징은 세계화와 네트워크이다. 세계화와 네트워크가 몰고 온 가장 직접적인 영향은 시장과 제품, 고객 및 기업 운영의 세계화이며, 그에 따라 나타난 것은 세계화한 투자 관념이다.

현대는 공업 시대가 이미 끝나고 정보화 시대가 정점에 이르렀다. 이 사실은 경제 성장을 이끌며 지대한 부가가치를 창출하는 업종은 이미 공업에서 IT 산업으로 전환되었음을 알려준다. IT 산업 가운데서도 네트워크 업종은 최선봉 역할을 담당하고 있다. 제품의 생명 주기로 볼 때 한 제품이 가장 많은 이윤을 내는 때는 성숙기이며, 이윤 증가가 가장 빠른 때는 성장기이다. 현재 네트워크 업종은 성장기에 있으며 대량의 이윤을 내는 시대는 아직 오지 않았다. 그래서 주식시장에서 가장 인기가 높다.

사람들은 흔히 21세기가 생산과 창조의 시대라고 말한다. 그 점은 틀림이 없다. 정보 시대의 뒤는 생명 시대이다. 공업 시대의 기계가 농업 시대의 생산효율을 극대화하였다. 그리고 정보 시대의 컴퓨터, 소프트웨어, 네트워크 기술이 공업 시대의 생산효율을 극대화한 것처럼, 생명 시대의 신소재, 유전공학 등의 기술은 더욱더 정보 시대의 생산효율을 높일 것이다. 현재 생명 시대는 아직 연구 단계에 있고 가시적인 발전이 없는 상태이므로 인내심을 갖고 지켜봐야 할 상황이다.

공업 시대와 정보 시대의 상업 규칙에는 큰 차이가 있다. 공업 시대에는 기업의 제품과 생산라인, 생산규모, 원료 등의 요소에 관심을 둔다. 정보 시대에는 기업의 인력 자원에 관심을 기울인다. 공업 시대의 이윤은 기계가 창조해내고, 정보 시대의 이윤은 개인이 창조해낸다.

이 세계는 변화가 빠르며 제품의 생명 주기가 단축되고, 고객의 입맛도 수시로 바뀌며 기술 발전도 빨라서 한 종류의 기술이나 한 종류의 제품에 의존하여 세계를 지배하는 시대는 이미 지나가버

렸다. 끊임없이 창조적으로 변화하는 기업만이 생존할 수 있다. 기업의 재무 장부에 기재된 거액의 고정자산과 잔고는 하룻밤 사이에 한 푼의 가치도 없이 전부 사라질 수 있다. 유일하게 영원한 가치를 갖고 창조력을 지닌 두뇌는 사람뿐이다.

따라서 시장의 관심이 쏠리는 곳은 끊임없이 변화하는 기업이다. 우리는 몇 가지 방면에서 그런 기업을 고찰할 수 있다. 그들의 기업 문화가 효과적으로 창조적인 문화를 가질 수 있는가를 고찰하는 것, 그들의 관리자가 높은 사고를 지니고 창조성에 두려움 없는 리더인가를 고찰하는 것, 그들의 관리와 조직 체계가 창조성에 유리한가를 고찰하는 것, 그들이 진정으로 인간을 근본으로 삼을 수 있는가를 고찰하는 것 등이다.

만약 고찰한 결과가 '예'라면 그들이 현재 무엇을 생산하는가는 별로 중요하지 않을 수 있다. 중요한 것은 그들이 생존과 거액의 이윤 창조를 위한 전제 조건 혹은 기초를 가졌다는 것이다. 반대로 대답이 '아니오'라면 그 기업은 현재 많은 주목을 받는다고 해도 얼마 지나지 않아 쇠퇴하고 심지어 실패하는 길에 접어들 것이다.

정보 시대의 많은 게임의 법칙은 공업 시대에는 도저히 이해하거나 상상할 수 없었던 것이다. 예를 들면, 무료로 PC와 이메일 서비스, 정보를 제공하는 것이 등장했다. 심지어 갈수록 모든 공업 제품이 모두 무료가 된다고 예언하기도 한다.

　다만, 우리가 예측할 수 있는 것은 정보 시대에도 과거와 유사한 많은 현상이 있으리라는 것이다. 신구세대가 교체하는 때에는 관념의 충돌이 격렬하게 일어난다. 이때에는 전통적인 관념을 버리는 용기가 특히 요구된다. 수구적이고 절충하는 일체의 행위는 새로운 시대에서는 실패를 가져올 것이기에 과감하고 철저하게 새로운 관념을 받아들이는 것이 성공의 기본 전제이다.

　새로운 시대에서 기존의 많은 기업이 가진 전통적인 강점이 다시는 존재하지 않을 것이다. 예를 들면, 온라인 판매의 왕성함과 택배 시스템의 등장은 기존 판매망의 강점을 지닌 기업이라도 앞으로는 희망적인 앞날을 예측하기 어려울 수도 있다. 즉, 현재 휴대전화기는 직접 고객과 대면해 판매하지만 장래에는 이동통신회사가 무료로 제공할 수도 있다. 그리고 휴대전화기 판매시장이 상당부분 이동통신회사에 집중하게 될 수도 있다.

마태효과 8

마태효과의 **위치** 에너지 **법칙**

마태효과와 승자 독식 현상은 우리에게 많은 것을 알려준다. 경쟁에서 승리하려면 반드시 높은 위치에 있는 법을 배워야 하며, 그 위치 에너지를 이용하여 자신의 지위를 유지하고 일정한 영역에서 최고가 돼야 한다.

기생의 지혜

자연계에서 외부의 힘을 빌려 이익을 취하는 예는 곳곳에서 발견된다. 숲 속의 많은 덩굴식물은 하늘을 찌르는 큰 나무에 붙어서 햇볕을 즐긴다. 상어의 주변에는 늘 재빠른 고기들 몇 마리가 헤엄치고 있는데, 그들은 상어가 사냥한 먹이의 찌꺼기에 의존하여 살아간다. 또 갈매기는 군함의 꽁무니를 따라다니기 좋아하는데, 그것은 군함 뒤에서 배출하는 물이 바다의 작은 고기들을 물위로 떠오르게 하여 그들의 먹이가 되게 하기 때문이다.

이런 '거물'이 판을 치는 시대에 '기생자'가 된다는 것은 꽤 괜찮은 선택이다.

기생자라고 하면 많은 사람은 대개 좋은 느낌이 안 든다. 왜냐하면 그것은 우리 몸에 기생하며 우리의 양분을 빨아먹고 병을 일으키는 회충이나 십이지장충 같은 작은 생물체를 연상하기 때문이다.

기생자는 '노력 없이 득을 얻고', '남을 해쳐 이득을 챙기는' 존재를 의미한다. 그래서 노력은 하지 않고 빌붙어 먹고 마시는 사람들을 기생충이라고 부른다.

그러나 우리 몸 안에 많은 기생충이 있는데 절대다수는 해가 없으며 심지어 유익하기까지 하다는 사실을 알 것이다. 또한, 우리 장 안에 기생하는 균이 음식물을 분해하여 인체가 흡수할 수 있는 양분으로 바꾸어놓아 소화가 된다는 것도 알고 있다.

즉, 기생자의 도움이 없다면 우리는 하루도 살아갈 수 없다고 말할 수 있다. 그런 작은 것들이 우리 몸에 기생하고 있다고 말하기보다는, 우리와 그들 사이는 조화로운 공생 관계라고 말하는 편이 낫다. 사실상 자연계의 어떠한 생물도 '기생하지' 않으면 '기생되는' 존재이며, 때로는 이 두 가지 신분을 하나의 생물이 동시에 가지고 있다.

만약 어떤 기생자가 아주 총명하다면 그는 분명 유익한 기생자가 되길 선택하지 해가 되는 기생자가 되기를 선택하지는 않을 것이다. 왜냐하면 피기생체에 기대어 살면서 그 피기생체에 손해를 가한다면 자기 자신도 곤란에 처할 것을 알기 때문이다. 만약 그가 욕심을 많이 낸 탓에 그 피기생체를 죽게 만든다면 상황은 더욱 심각해져서 자기 자신도 생존 환경을 잃어 망하게 될 것이다.

물론 자연계의 기생자는 지능이랄 것이 없다. 그러나 우리가 반드시 알아야 할 것은 아무 쓸모없이 공짜 밥만 먹는 존재는 전혀 미래가 없다는 것이다. 성공적으로 기생하려면 반드시 당신이 기생하는 그 조직에 필요한 존재여야 한다. 만약 당신이 남들과의 경쟁력에서 우위에 서 있는 회사에 들어갔다면 당신의 재능을 충분히 발휘하여 회사를 더욱 발전시켜야 마땅하다. 그래야만 당신은 더 많은 것을 얻을 수 있다.

한편, 기생자로서의 당신과 당신이 기생할 대상이 지니는 지위는 불평등하다는 것은 의심할 여지가 없다. 따라서 당신이 성공적으로 기생하려면 반드시 당신의 기생이 그럴 만한 가치가 있다는 점을 상대가 이해하고 인정하도록 해야 한다. 실제에서도 마찬가지다. 성공한 많은 기업과 유명한 제품은 모두 그들의 기생자로부터 많은 이점을 얻는다.

당신은 분명 코카콜라의 병 모양을 잘 알 것이다. 이 독특한 모양의 병은 완전히 코카콜라의 일부분이 되었다. 그것은 '기생'의 한 결과이다.

한 젊은이가 코카콜라사 경영자의 사무실에 들어서서 그들에게 자신이 디자인한 병을 내보였다. 젊은이는 자신의 디자인을 다음과 같이 소개하였다. "우아한 곡선은 여성의 형태를 완전하게 갖추었습니다. 날씬한 허리 부분은 손에 쥐기에 적당합니다. 또한, 가장 중요한 것은 이런 포장은 음료의 양을 줄이는 효과를 보면서도 고객의 비난을 받지 않을 것입니다."

자신의 주장이 더 높은 설득력이 있게 하려고 이 젊은이는 견본을 가지고 그 자리에서 시연 해보였다. 그는 성공했다. 코카콜라사가 그 디자인을 받아들인 것이다. 그것은 서로에게 이익을 얻고자 하는 노력의 결과였다. 기생자와 피기생자 모두가 얻고 싶은 것을 얻은 것이다.

만약 당신이 아직 창업에 필요한 탁월한 능력을 갖추지 못했고, 굳은 의지력과 모든 것을 정복하려는 담력이 아직 부족하다면 스스로 사업을 시작하려 하고 격렬한 경쟁에서 안전하게 설 곳을 찾기에는 확실히 쉬운 일이 아닐 것이다. 그럼에도, 적지 않은 사람들이 전혀 준비되지 않은 상황에서 독립하여 사업을 경영한다. 그들은 쓰디쓴 인내와 많은 노력을 하지만 수입은 피고용자보다도 못한 수준에 머무르게 된다.

큰 회사나 상점에서 일하는 많은 피고용자는 삶에 여유로움이 묻어나온다. 그들은 부동산을 늘릴 수도 있으며 화려한 승용차를 가질 수도 있다. 하지만, 그런 사람들의 여유로운 생활이 모두 자신의 능력에서 오는 것일까? 결코 그렇지는 않다. 사실 그들은 단지 마태효과의 수혜자에 불과하다. 그들이 일하는 회사가 지닌 경쟁에서의 우월적인 지위가 남보다 더 많이 얻도록 한 것이다.

따라서 창업에 뜻을 둔 사람이라면 자신의 자원이 마태효과를 실현하기에 부족할 때 다음 걸음을 어떻게 내디딜지를 잘 생각해야 한다. 어떻게 해야 비로소 마태효과의 수혜자가 될 수 있을 것인가에 대해서 말이다.

다른 사람의 힘을 활용하라

당신은 결코 쓸쓸하기만 한 혼자가 아니다. 많은 사람이 당신을 도와주고 지지해줄 수 있으며, 그들의 도움을 얻어 창조하는 가치는 당신의 상상을 훨씬 초월한다.

간단한 숫자로 설명해보자. 당신이 지닌 업무의 효율성이 일반 동종업자의 다섯 배라고 가정하고, 독립했을 때 그 모든 가치를 얻는다고 가정하자. 그렇다면 당신이 최상의 상황에서 얻는 성과는 평균의 500퍼센트며 일반적인 상황과 비교한다 하더라도 400단위의 잉여가치가 존재한다.

두 번째 상황으로 당신이 열 명의 전문 인재를 찾아낼 수 있고 그들 각자가 모두 즉시(혹은 훈련을 받은 후에) 평균보다 세 배에 해당하는 생산물을 낸다고 가정하자. 그들의 능력은 비록 당신보다 우수하지 않더라도 여전히 고용 원가를 훨씬 초월하는 가치를 창조해낼 수 있다. 또한, 당신이 그 인재들을 흡수하거나 붙들어두고자 평균보다 50퍼센트를 초과하는 보수를 주어 고용한다고 가정하자. 그럴 경우 그들의 개별적인 생산치는 300단위이며, 원가는 150단위이다. 열 명을 고용한다면 당신은 자신이 창조한 400단위 외에 1,500단위가 늘어나므로, 당신의 총 이윤은 1,900단위가 되어 인재를 고용하기 전 잉여가치보다 약 다섯 배가 증가한다.

물론 당신이 열 명만을 고용할 수 있는 것은 아니다. 얼마나 많이 고용하느냐는 당신이 잉여가치를 늘릴 직원을 얼마나 찾아낼 수 있느냐, 그리고 고객을 흡수할 능력이 있느냐에 달렸다. 통상적으로 잉여가치를 창출할 수 있는 직원을 찾아내기만 한다면 고객을 흡수하는 문제는 걱정이 없다. 왜냐하면 잉여가치를 창출할 수 있는 전문 인력이 있다는 것은 시장 역시 바로 찾을 수 있기 때문이다.

분명 당신은 플러스 가치를 창출할 수 있는 사람 즉, 고용 비용을 훨씬 초월하는 가치를 창출할 수 있는 사람을 고용해야 한다. 그러나 가장 좋은 사람을 고용해야만 한다는 말은 아니다. 최대의 잉여가치는 초과가치를 창출할 수 있는 사람을 최대한도로 찾는 데에서 온다. 두 배 또는 다섯 배여도 상관없다.

직원을 고용하고 가치를 창출하는 것 외에 당신은 또 다른 역량을 이용할 수 있다. 즉, 배를 빌려 바다에 나아갈 수 있다. 예를 들어, 백화점 안에 서적부나 약품부를 마련하면 전문적으로 이들 매장을 세우는 것보다 편리하다. 한 귀퉁이 공간이라도 떼어낼 수 있다면 임대료나 인건비 또는 실내장식을 막론하고 전문적인 서점이나 약국을 내는 것보다는 비용이 크게 절감된다. 또한, 백화점은 유통만을 담당하기 때문에 팔지 못한 서적은 모두 출판사에 반품할 수 있다.

반대로 도서를 전문적으로 취급하는 서점은 그와 다르다. 그럴듯한 전문 매장을 임대해야 하며, 서가의 배치와 실내장식에 큰 비용을 들여야 한다. 또 인원도 너무 적어서는 안 된다. 판매원에서부터 경리, 지배인 등 어느 누구도 없어서는 안 된다. 또한, 도서의 판매가 시원치 않아도 부득이 서가에 몇 권은 꽂아두어야 하지 백화점처럼 전량 반품할 수는 없다.

유능한 사람에게서 배우기

성공한 사람은 어느 영역에서나 20퍼센트의 힘을 들여 80퍼센트의 성과를 얻는 방법을 알고 있다. 그것은 그들이 나태하다거나 전력을 다해 일을 하지 않음을 의미하는 것은 아니다. 사실 그들은 매우 열심히 일한다. 그러나 똑같은 노력을 들였을 때 그들의 수확은 남보다 서너 배나 많다.

바꿔 말하면 승자는 일 처리에서 언제나 자신의 방법을 가지고 있다. 그들은 업무에 대해 통상적으로 각기 다른 감각과 생각을 갖고 있다. 어떤 영역에서 남달리 뛰어난 사람은 생각하는 것과 행동하는 것이 같은 영역의 일반인과는 다른 데가 있는 것이다. 어쩌면 승자들은 자기가 하는 일이 남들과 다르다는 것을 모를 수도 있다. 그러나 스스로 자신의 성공 비결을 요약해내지 못한다고 하여도, 옆 사람은 관찰을 통해 성공의 요인을 추론하여 알 수 있다.

옛 사람들은 이 점을 대단히 잘 알았다. 예를 들면, 제자가 스승을 뒤따르며 연구하고 배우고, 어린 직공이 사부를 따라 기술을 익히며, 무명의 예술가가 시간을 내어 성공한 예술가와 같이 지내는 것 등이 그것이다. 그들은 모두 협조와 모방을 통해 성공한 사람의 일 처리 방식을 관찰하고 배운다.

승자에게서 배우는 가장 효과적인 방식은 바로 그들을 위해 일하는 것이다. 같이 일하는 과정에서 당신은 가장 가까운 거리에서 그들의 일 처리와 사고 방식 즉, 그들의 성공 비결을 배울 수 있다.

당신이 대가를 치르며 유능한 사람을 위해 일하기 바란다면 각종 핑계를 찾아내서라도 그들과 같이 지내며 일 처리 방법의 특색을 관찰하라. 그러면 오래지 않아 그들이 대면한 일에 대해 어떻게 바라보며 시간을 관리하고, 다른 사람과 협력하는 방식에서도 남다르다는 것을 알게 될 것이다. 만약 그들이 하는 것을 해내거나 혹 그들을 능가한다면 당신도 최고의 자리에 오를 수 있다.

유능한 사람을 위해 일하는 것은 자신의 수준을 높이고 발전하는 중요한 길이다. 왜냐하면 당신은 매일같이 그들에게서 배울 기회를 얻으며, 어떤 영역의 문제에 부딪히더라도 바로바로 가르침을 청할 수 있기 때문이다.

전문가는 어떤 영역에서 당신보다 지위나 능력이 뛰어났을 뿐만 아니라 각자 유일무이한 지식과 전문기능을 지녔다. 선택한 직업이 무엇이듯 그 영역의 전문가를 찾아 당신이 지금까지 해온 것을 말하고 앞으로 어떻게 해야 마땅한지를 물어야 한다. 적극적인 자세로 그들에게서 배운다면 그 지식과 기능은 당신의 것이 될 수 있다.

에머슨Ralph Waldo Emerson은 "개개인이 어떤 영역에서는 모두 나의 스승이다. 왜냐하면 나는 그들에게서 조그마한 지식이라도 배울 수 있기 때문이다"라고 말했다.

모든 성공한 사람은 기꺼이 남을 도와주고 가르쳐줄 것이다. 특히, 막 시작하는 이에게는 더욱 그렇다. 당신이 알아야 할 것은 성공한 사람에게 고견을 구하는 것이 당신이 표할 수 있는 가장 진지한 경의일 수 있다는 사실이다.

성공한 사람에게 고견이나 지도를 부탁할 때는, 당신은 그들의 유일한 지식과 기능을 인정하고 있다는 것이므로 그들은 호감을 받고 있다고 느끼게 된다. 당신이 그들에게 가치 있는 것이 있다고 여기기 때문이다. 즉, '알고 있다' 라는 사실을 인정함으로써 그들을 중시하고 있음을 표시하고 있는 것이다. 결국, 유능한 사람에게서 배운다는 것은 불필요한 잘못을 피할 수 있으며, 더 빨리 자기의 모든 잠재력을 발휘할 수 있게 되는 지름길이다.

때로는 가장 뛰어난 한 개인만을 위해 일하지 말고 최고 회사에서 일하라. 그들의 회사 문화는 가장 중요한 비결이기 때문이다. 그들의 문화에 어떤 특별난 점이 있는지 관찰하라. 그 특별난 점이 바로 관건이다. 당신은 먼저 일반적인 회사에서 일해 본 후에 최고 회사에 들어가 양쪽의 차이를 비교·관찰해보아야 한다. 또 당신은 메모하는 습관을 기르며 남들과 소통하는 방법을 배워 자기가 필요로 한 것을 얻어야 한다.

승자처럼 사고하라

승자가 되는 것은 모든 사람의 꿈이다. 누구나 마음속 깊은 곳 혹은 잠재의식 속에서 성공을 갈망하며, 누구나 현실 생활에서 승자가 되기를 바란다. 또 많은 사람은 자신이 마땅히 승자가 되어야 한다고 굳게 믿는다. 그러나 동시에 더 많은 사람이 일시적으로 다가온 좌절 때문에 어쩔 줄 모르며 실망한다.

한 가지 이상한 일은 많은 사람이 성공은 배움이 필요하다는 것을 의식하지 못한다는 것이다. 가장 중요한 것은 승자에게서 배우는 것으로 그들의 일 처리 방식과 사고하는 법을 깨달아야 한다.

만약 온통 부정적인 생각만을 가졌다면 당신의 모든 노력은 실패로 끝나고 말 것이다. 당신이 성공하고자 한다면 자신이 성공할 수 있는 사고 방식을 가져야 한다. 승자가 되고 싶다면 우선 승자처럼 사고해야 한다. 당신이 얻어내야 할 것은 모든 성공한 사람이 갖은, 사람에게 무한한 힘을 제공하는 신념이다!

성장 과정과 교육 정도가 어떻든 간에 모든 사람은 하나 또는 몇 개의 영역에서 남보다 뛰어날 수 있다. 배우고 사고하는데 능하기만 하다면 말이다.

승자와 같이 사고하는 것은 이미 성공한 사람들이 긴 시간 동안 실천한 것이다. 마땅히 진지하게 성공한 사람들에게서 소중한 지식을 배워야 하며, 자신의 실패를 통해 얻은 교훈만을 생각해서는 안 된다. 승자의 지식을 통해 당신은 더 빠르고 더 멀리 나아갈 수 있다.

성공한 모든 사람들에게는 똑같은 유전 인자는 하나도 없다. 그것은 성공이 결코 유전적 요인에 의해 결정되지 않음을 설명한다.

성공한 사람의 유형은 광범위하며 각기 다른 신체와 정신적 특징을 가지고 있다. 확실한 것은 성공한 사람은 결코 타고나는 것이 아니며, 대부분 후천적인 노력으로 결정된다는 사실이다.

우수한 집단에 들어가기

오늘날 이른바 고소득 계층에는 부분적으로 기업을 가진 경영주가 있다. 그러나 더 많은 경우는 유명한 대기업에 근무하는 기술직과 관리직, 사무직 직원이다. 그들은 연간 수입이 수십만 달러에서 수백만 달러에 이르고, 누구나가 꿈꾸는 호화주택과 고급 승용차를 지니고 있으며, 사회에서는 엘리트이자 성공하는 사람으로 여겨진다. 그들은 어떻게 그 위치에 이른 것인가? 그들의 재능 덕분인가?

물론 그런 이유도 있다. 그러나 만약 대기업에 취직하지 않았더라면 그들이 지닌 재능만으로 그렇게 높은 수입을 올리도록 할 수 있었겠는가? 라고 생각할 필요가 있다.

누구나 어떤 영역에서 재능을 가지고 있으며 그 재주가 출중한 사람도 적지 않다. 그러나 진정으로 성공한 사람은 그리 많지 않다. 어떤 이는 성공한 까닭이 남이 가지지 못한 기회를 얻었기 때문이다. 대기업에서 일하는 사람과 소기업에서 일하는 사람은 경쟁 상대에 있어 지위가 불평등하다. 이는 초대형 군함을 소유한 해군이 경량급 경비정만을 소유한 상대를 쉽게 이길 수 있는 것과 같다. 비록 그 자신이 지닌 능력이 상대보다 강하지 않다고 해도 말이다.

생산자로서의 당신은 어찌 되었든 간에 어떤 한 집단에 속해있다. 설령 당신 스스로는 그렇게 여기지 않는다고 해도 사실상 당신은 이미 어떤 특정한 집단에—정식이냐 아니냐를 막론하고—소속되었고 참여할 것이다.

그러나 각 집단의 경제적 실력과 근무 분위기는 모두 다르다. 비록 같은 근무 장소라도 서로 협력하고 같이 노력하는 우수한 집단도 있고, 권한과 이익을 다투며 싸워대는 집단도 있으며, 서로 경쟁하고 고집만 부리는 집단도 있다.

비록 사람들은 자신들이 일하고 생활하는 성질에 따라 각기 다른 집단을 선택해야 하지만, 선택한 집단의 발전성과 우수성 여부는 마태효과의 수혜자가 될지 아니면 피해자가 될지를 결정할 것이다.

만약 당신이 먹고 놀 줄만 아는 집단에 속해 있어 직원들 대부분이 회사나 상사에게 불평불만만 일삼는다면 당신도 그들에게 물들 가능성이 있으며, 끝내 자신의 일에 정통精通할 수 없을 것이다.

한편, 당신이 좋은 집단에 가입하여 모두가 서로 배우며 격려한다면 급속히 자신의 무능과 지식의 빈약함을 떨쳐버리고, 일의 요점을 파악하여 자신감이 충만한 중요한 일꾼이 될 수 있다. 그밖에 양호한 집단에 들어간다면 무리에서 지도자가 될 재능이 있는 사람은 더 빨리 승진할 가능성이 있다. 그리고 그 집단 안의 당신은 반드시 다른 조직에 있는 것보다 더 많은 기회를 얻을 것이다.

자신의 고객은 누구인가

옛날부터 지금까지 지구상에는 다시없이 뛰어난 희대의 인재들이 많이 등장하였다. 그들의 고상한 인품과 출중한 재능은 바람 앞의 등잔불과도 같아서 일단 사라진 후에는 찾을 길이 없었다. 그들의 빛은 영원히 빛나며 그럴듯한 후계자를 찾을 수도 없었다. 왜냐하면 그들은 지금까지와는 다른 부류에 속하는 존재이기 때문이다. 만약 당신이 그런 빛나는 존재가 될 수 없을 경우에 그들을 따를 것인가의 문제를 고려해 보았는가?

월터 F. 먼데일Walter F. Mondale이 1984년 미국 대통령 선거에 나갈 수 있었던 것은 그가 일찍이 두 사람의 대스타를 따랐기 때문이다. 처음에 그는 허버트 험프리Hubert Humprey의 뒤를 이어 상원의원이 되었으며, 그 후에는 지미 카터Jimmy Carter 대통령을 따라

부통령으로 올라선 덕에 미국의 대통령직을 다툴 기회를 얻었다. 그는 물론 남다른 재능을 가졌다. 그러나 중요한 것은 그가 뛰어난 재능을 지닌 다른 사람의 발자취를 따라 보통 사람은 영원히 도달할 수 없는 단계에 이르렀다는 점이다.

자동차 경주를 생각해 보자. 왜 카레이서들은 100마일에서 200마일에 이르는 속도에 이를 때에 앞차에 붙어 떨어지지 않으려 않는가? 그들 카레이서들이 자극을 즐기는 미치광이란 말인가? 아니다! 그것은 앞차가 대신 맞바람을 헤쳐나가게 함으로써 자기는 기름 소모와 엔진의 부담을 줄인 상태에서 같은 속도로 그 뒤를 따르기 위해서이다.

기업 세계는 정계 혹은 자동차 경주장과 같아서 최고에 오르려고 할 때 가장 쉬운 방법은 막 정상에 오르려는 사람 혹은 이미 정상을 차지한 사람을 찾아 '그의 사람'이 되는 것이다. 그가 위로 올라가기만 하면 그가 남긴 진공상태가 당신을 쉽게 위로 올라가게 할 것이다. 그러면 당신이 고군분투하는 것보다 시간과 힘을 많이 줄일 수 있다. 만약 그가 이미 지존의 자리에 올랐다면 수시로 당신을 살펴줄 대부를 가질 수 있으며, 그것은 당연히 좋은 일이다.

무리 안의 한 계층에 진입한 후에는 충성심이 기술과 능력보다 더 중요하게 된다. 사람들은 능력은 평범해도 충성심이 변치 않는

부하를 쓸지언정, 기술은 뛰어나도 충성심이 없는 사람을 데리고 있지 않는다. 절대다수의 고위직에 있는 사람들은 같은 생각을 하고 있다. 그들은 '자기 사람'은 상당히 살펴주면서도 자기 사람에 속하지 않는 직원이 잘못을 범하면 절대로 용서하지 않는다.

스타를 따르는 전술을 적당히 운용한다면 매일같이 그 보답이 따를 것이다. 큰 조직의 내부는 여러 가지 이유로 지도자가 바뀐다. 예를 들면, 지도자의 사망, 해고, 전직 등이 그것이다. 많은 경우에 그 자리는 외부인에 의해 채워진다. 리더의 위치를 차지한 사람은 신속하게 '자기 사람'을 써서 집단 안에서 자신의 참모를 만들 것이다. 만약 전임 책임자가 다른 곳으로 전직한다면 자기 사람도 데리고 갈 것이며, 빈 직위는 새 책임자가 알아서 채울 것이다. 만약 전임 책임자가 그들을 데리고 가지 않는다면 새 책임자는 때로는 부드럽고 때로는 사납게 그들을 밖으로 밀어내어 자리를 만들어서 '자기 사람'을 심을 것이다.

피터는 일찍이 두 차례나 고위층 인사 변동에 말려들었다. 한번은 모든 고위직 관리자가 1년 안에 모두 해고당하고 피터 한 사람만 남았다. 다른 한번은 모두 자리를 보전했지만 단지 새 책임자 몇 사람만 바뀌었다. 이 두 부류의 사람들은 서로 어울리지 못하여 옛 고위직 관리자는 하나씩 그만두는 수밖에 없었다. 결과는 같았다. 새로운 책임자가 '자기 사람'을 찾아 불러들였고, 전체 조직은 둘로 나뉘었다.

만약 책임자를 따라 자리를 옮긴다면 분명 보수와 이익이 적지 않을 것이다. 권력도 물론 보장될 것이다. 왜냐하면 당신은 책임자의 사람이기 때문이다. 전 조직원이 모두 자기에게 맞서는 사람뿐이라고 느끼는 사람보다 당신의 집단 귀속감은 좋은 것이다. 집단 전체와 모시는 지도자가 모두 좋은 성적을 올리기만 한다면 당신의 발전 역시 보장될 것이다.

물론 자신을 구원할 구세주가 단지 바로 위 상사나 책임자에 국한된다면 너무 좁다. 비용을 치르고 당신의 지식을 사고자 하는 사람은 당신의 시장이며, 당신의 일을 가장 중시하는 사람은 주 고객이다. 그들은 모두 당신이 부자가 되는 길로 가는 구세주이다.

시장은 당신이 자신을 표현하는 곳이다. 따라서 당신의 지식을 어떻게 팔 것인가를 결정해야 한다.

당신은 직원의 신분으로서 큰 규모의 회사나 개인을 위해 일할 것인가 아니면 자유로운 신분으로 기업이나 개인을 위해 일할 것인가? 혹은 스스로 창업할 것인가 아니면 남에게 용역을 팔 것인가? 당신이 원시적인 지식을 제공하기 바라는가 아니면 상황에 따라 지식을 운용하거나 지식을 이용하여 제품을 창조하기 바라는가? 당신은 새로운 제품을 발명하기 바라는가 아니면 현재의 반제품半製品에 가치를 더하거나 소매상이 되어 완제품完製品을 팔기를 바라는가?

당신의 주 고객은 개인이나 회사이다. 그들은 당신이 한 일이 최고의 가치가 있게 할 수 있으며, 더불어 당신에게 대우가 좋은 일자리를 제공할 수 있다. 당신이 피고용자, 작거나 큰 회사의 사장 심지어 국가 최고원수를 막론하고 주 고객은 모두 성공을 유지해주는 주력부대이다. 당신의 과거 성취도가 어떠했는가를 떠나서 이치는 모두 같다.

그러나 앞선 지위에 있는 사람은 그들의 주 고객에 대해 소홀히 하거나 심지어 게을리하여 종종 원래의 지위를 잃는다. 미국의 테니스 스타 존 매켄로John McEnroe는 자신의 고객은 경기를 보러오는 관중과 테니스대회 주최자라는 것을 잊었다. 마거릿 대처Margaret Hilda Thatcher는 가장 중요한 고객이 보수당 소속의 국회의원이라는 사실을 잊었다. 닉슨 Richard Milhous Nixon의 주 고객은 완전하고 독립적인 주권을 요구하는 중앙아메리카 국가라는 것을 잊었다.

이 세계에서 남의 도움 없이는 아무도 위대한 일을 이룰 수 없다. 성공한 인사라 할지라도 모두 자신의 구세주로부터 도움을 얻어야 했다.

마태 효과 9

마태효과의 **성공** 법칙

'성공'이 '성공한 사람'을 만드는가 아니면 '성공한 사람'이 '성공'을 만드는가? '닭이 먼저냐 아니면 달걀이 먼저냐?'라는 문제처럼 영원한 미궁 속으로 빠진다. 그러나 다음 한 가지 사실은 분명하다. 만약 당신이 '성공한 사람의 이미지'를 갖춘다면 성공할 수 있다.

성공한 사람처럼 보여라

의심의 여지없이 개인 브랜드를 만들고 성공한 사람의 이미지를 만드는 가장 좋은 방법은 뛰어난 업무 능력이다. 그동안 쌓은 업적과 그에 따른 명성은 대중에게 당신이 얼마나 우수한 인물인지 알려줄 것이다. 당신이 경기장에서 시합하고 있는 사람을 본다면 그가 직업적인 선수라고 여길 것이다. 마찬가지로 사람들이 놀라운 성과를 거두고 있는 당신을 본다면 유능한 전문가라고 여길 것이다.

한편, 그 밖에도 개인 브랜드를 만들고 성공한 사람의 이미지를 만드는 방법은 많이 있다. 여기에서 말하려는 것은 화려하기만 하고 내실이 없는 방법이 아니다. 대형 승용차를 몬다든가, 당신의 경제력으로는 감당할 수 없는 집을 구입하는 등 지나치게 표면적인 허영을 추구하는 등의 그런 방법이 아니다.

성공할 수 있느냐의 여부에서 기회나 행운은 대단히 중요한 요소이다. 예를 들어, 한 군인이 차근차근 승진하여 장군이 되는 것은 개인의 재능과 노력으로 결정된다. 그러나 만약 그가 전쟁에 나아가 전사했다면 재능을 펼칠 기회는 오지 않을 것이다.

문제는 기회나 행운은 우연히 만날 수는 있어도 억지로 찾아 나설 수 없다는 점이다. 막연히 행운이 찾아오기를 기대한다면 머지않아 비참해질 것이다. 그루터기 앞에서 토끼가 다시 걸려 넘어지는 그런 우연을 기다리거나 피동적으로 기다리는 것은 좋은 방법이 아니다. 만약 기회나 행운이 한 사람에게만 집중된다고 하면 그 사람은 분명히 모든 일에 적극적으로 시도하는 용감한 사람일 것이다. '하늘은 스스로 돕는 자를 돕는다' 라는 말은 바로 그런 이치이다. 따라서 성공한 모습이 자연히 나타나기를 기다려서는 안 된다.

그렇다면 과연 어떤 것이 우리의 성공을 도울 수 있는가?

성공에는 여러 가지 능력과 인품과 자원이 필요하다. 그러나 가장 중요한 것은 반드시 '성공한 사람처럼 보여야 한다' 라는 점이다. 막 창업하여 분투하는 사람에게 있어서는 성공한 사람의 이미지를 만들어내는 것이 특히 중요하다. 이때에는 낭비할 만한 자원이나 기회가 아직 많지 않음에도 성공한 이미지를 만들어낸다면 성숙하고 실력을 갖춘 믿음직한 사람으로 보일 수 있기 때문이다.

사람의 가장 큰 특징 중 하나는 머릿속에서 완전히 이해하기도 전에 미리 판단하기 좋아한다는 점이다. 사물에 대해서도 그렇고 사람에 대해서도 그렇다. 사람들은 보편적으로 '첫인상'을 중시하며 그것에 근거하여 주관적인 판단을 형성해나간다. 그런 판단은 정확할 수도 있고 틀릴 수도 있다. 그러나 일단 이미지가 형성하면 바꾸기 어렵다.

빠른 속도로 돌아가는 도시에서 사는 현대인에게 있어서 첫인상은 특히 중요하다. 왜냐하면 만약 상대방에게 좋지 않은 인상을 남긴다면 그것을 바꿀 기회가 거의 없기 때문이다.

더군다나 성공한 사람처럼 보이기는 쉬운 일이 아니다. 실제 개인 브랜드가 가지는 남다른 특징을 지니지 않고서 그것을 가장한다는 것은 어려운 일이다. 그럼에도, 노력을 아끼지 말아야 한다. 일단 성공한 이미지를 만들면 성공 기회도 자연스럽게 올 것이기 때문이다.

당신이 창업하는 과정에 있다면 '돈을 벌려면 그만큼 돈을 써야 한다'라는 격언을 기억해야 한다. 성공한 사람의 이미지가 사업을 하는 데 없어서는 안 되는 것이지만, 남보다 한발 앞서려면 반드시 자신의 재력을 바탕으로 행동해야만 한다. 예를 들면, 새로 개업하려는 변호사는 유능한 사무장과 아름다운 비서를 바라고, 가장 번화한 지역에서 자신의 넓고 호화로운 사무실을 차리고 싶어한다. 그러나 개업 전의 그는 원하는 만큼 드는 경비를 지급할 능력이 없을 것이다. 따라서 창업자가 이미지를 만드는 과정에서 경제력을 초과하여 소비해서는 안 된다.

먼저 성공한 사람이 영원한 승자이다

'영웅이 시대를 만드는가 아니면 시대가 영웅을 만드는가?' 다시 말하자면 '성공'이 '성공한 사람'을 만드는가 아니면 '성공한 사람'이 '성공'을 만드는가? '닭이 먼저냐 아니면 달걀이 먼저냐?'라는 문제처럼 영원한 미궁 속으로 빠진다. 그러나 다음의 한 가지 사실은 분명하다. 만약 당신이 성공한 사람의 이미지를 지닌다면 성공할 수 있다는 것이다.

창업한 지 얼마 지나지 않아 업계에서 아직 미미한 존재인 상태에서 기반이 탄탄한 상대와 경쟁할 때, 반드시 당신이 바라는 승자의 이미지를 만들 필요가 있다.

신중하고도 정확한 이미지를 만든다면 짧은 시간에 당신이 바라는 것을 얻을 것이다. 그리고 당신의 이미지는 다른 사람에게 각인시켜줄 것이다. '나는 현재 승자이고 앞으로도 영원한 승자이다' 라고!

이른바 '성공한 사람의 이미지'란 어떤 것들을 포함하는가?

그것은 외모일 수 있으며, 행동일 수도 있고 또 몇 가지 제도일 수도 있다. 그리고 그것들이 끼치는 영향은 모두 같다. 바로 당신이나 당신의 회사가 더욱 성숙하고 더 실력이 있으며 더 믿을 만하게 보이게 하는 것이다.

사업을 시작할 때에 성공한 사람의 이미지를 만드는 것은 어쩌면 가장 어려운 일일 수도 있다. 고려해야 할 문제도 많다. 그럼에도, 성공한 사람의 이미지를 만드는 문제를 우선하여 생각해야 한다. 무無에서 출발해 성공한 사람의 이미지를 만드는 것이 기존의 나쁜 이미지를 개선하는 것보다 훨씬 낫기 때문이다. 마치 빈터에 새 건물을 짓는 것이 헌 건물을 헐고 새 건물을 짓기보다 훨씬 쉬운 이치이다.

한 기술자가 창업할 결심을 하고 도심 중심부에 사무실을 열었다. 그런데 머지않아 발견한 사실은 예전에는 능동적으로 찾아오던 고객이 아주 적었는데, 이제는 그에 대한 믿음이 커져 대량의 주문을 내기 시작했다는 사실이었다.

"정말 이상하다. 예전에는 내 고객이 된 적이 없었던 사람들이 나와 관계를 맺기 시작하는구나. 또 모르던 사람들도 나와 연락을 취하며 계약을 맺는구나. 꼭 내가 예전에는 기계를 수리하지 못했는데 지금은 내 기술이 별안간 좋아지기나 한 것처럼 말이야!"

기술자는 그제야 '성공한 사람이 갖는 이미지'의 중요성을 깨달았다. 아마도 대다수의 창업자가 사전에 그 이치를 이해할 수만 있다면 더 많은 승산이 생길 것이다.

어떤 젊은 의사가 재직하던 종합병원에 사직서를 내고, 성형외과를 전문으로 하는 개인병원을 개원하려고 했다. 그가 병원 내부의 도안을 인테리어 디자이너에게 넘겨주자 그는 매우 놀랐다. 그 젊은 의사가 제시한 도안은 첫 번째 환자를 받기도 전에 큰 비용이 들어가는 것이기 때문이었다. 그러나 그 의사는 생각했다. "성형외과 분야는 환자에게 내가 이미 성공했으며 또 여러 해 동안 종사하리라는 분위기를 보여주어야 한다. 어느 누구도 전혀 경험도 없는 의사에게 자기 딸의 코를 수술하라고 하지 않을 것이다. 이를 뽑는다든가 작은 물혹을 제거하는 수술은 의사의 경험을 따지지 않을 수 있으나, 성형수술에는 의사의 뛰어난 솜씨와 풍부한 경험을 우선하여 고려할 것이다."

젊은 의사는 마침내 원하는 대로 건물 내부를 장식하고, 자신이 이미 오랫동안 성형외과에 종사한 듯한 느낌을 주는 병원을 개원했다. 그리고 환자로부터 믿음직한 전문가의 이미지를 갖게 하는 데 성공했다. 물론 이 의사는 뛰어난 의술과 풍부한 경험도 가지고 있었다. 만약 그것이 받쳐주지 않았다면 아무리 좋아도 그저 그런 병원에 불과했을 것이다.

한 기업 컨설턴트가 마태효과에 대해 가장 잘 정리하여 말했다. "성공하기 전에 제가 발표한 것 역시 지금 발표한 그 연설과 같았습니다. 그러나 아무도 그때는 제 말을 들으려 하지 않았으며, 심지어 훨씬 앞을 내다보는 관점을 비웃기까지 했습니다. 지금 그들은 제 강연을 듣게 되었습니다. 그리고 과거에 제 의견을 상대도 하지 않던 사람들이 이제는 제 관점에 동의합니다."

업무 능력은 매우 중요하다. 그러나 마태효과에 맞춰 승자의 이미지를 만드는 일은 꿈에서나 생각하던 성공을 더욱 보장할 수 있다. 사람들은 성공한 사람과 친분을 맺기를 원한다. 그들은 성공한 사람들이 뛰어난 재능을 갖고 있어 지금의 지위를 얻었으며 그렇지 않다면 지금의 지위를 얻지 못했으리라고 믿기 때문이다. 따라서 성공하려면 대중에게 당신이 분명 가장 뛰어난 인물임을 보여줘야만 한다.

더불어 성공한 사람의 이미지는 남에게 위압감을 느끼게 할 수 있다. 당신이 성공한 사람에게서 오는 위압감을 충분히 의식하듯이, 마찬가지로 그 이미지를 이용하여 남에게 위압감을 느끼게 할 수 있다.

통상적으로 위세威勢를 경험하는 가장 좋은 경우는 고급 레스토랑에서 받는 서비스이다. 물론 당신은 서비스를 받으려면 그곳에 대한 정보를 사전에 충분히 알아두어야 한다. 그렇지 않으면 잘못된 주문으로 많은 돈을 쓸 뿐만 아니라 그곳의 분위기에 위압감을 느끼거나 직원들로부터 비웃음을 살지 모르기 때문이다.

대다수의 사람에게 있어서 고급 레스토랑에서 음식을 주문하는 것이 대단히 자유롭지 못하고 잊기 어려운 경험이 있었을 것이다. 레스토랑 직원의 들릴 듯 말 듯한 말투 혹은 고상한 분위기가 우리를 안절부절 불안하게 할 수도 있다. 그러나 어떤 이유에서건 고급 레스토랑에서 식사를 한다면 대다수는 상대에게 위압감을 느끼게 하는 체험을 할 것이다.

한 기자가 경제계의 명사名士를 탐방하였다. 그 명사는 수시로 권위 있는 경제지에 실리며 억대의 수익을 올리고 있었다. 그러나 그가 고급 레스토랑에서 식사할 때는 뜻밖에도 잘못을 저지른 아이의 표정을 지어 보였다. 기자는 그 명사가 레스토랑 직원에게 완전히 겁을 먹은 것을 보고 매우 놀라워했다. 그리고 그 일은 기자에게 평생 잊을 수 없는 교훈을 얻게 해주었다.

"남의 영역에 갔을 때는 반드시 조심하고 신중해야 한다. 그렇지 않으면 앞에서 굴욕을 당할 수 있다."

우리는 위와 같은 비슷한 상황에서 그런 위압감에 의한 굴욕을 당해보았다. 분명 유사한 경험이 있을 것이다. 그리고 어떤 특정 장소에서 당신은 늘 어떻게 해야 하는지 아는 척하겠지만, 당신이 아는 것은 대단히 적거나 혹은 전혀 모른다는 사실이다. 겉으로는 태연한 척해도 마음속으로는 낙담하고, 겁이 나는 상황에 빠져버린다.

그런 난감한 상황을 피하고자(생활하면서 피하기 어려운 일이지만), 당신은 가장 기본적인 법칙들을 단단히 기억해두어야 한다.

첫째, 유머 감각을 유지하라. 이 일을 기억하는 것은 대단히 중요하지 않을 수 있다. 걱정하고 불안해할 필요는 없으나 정확하게 유머에 대처하는 법은 배워야 한다.

둘째, 당신이 쓸모없는 사람이 아니라는 것을 상대방이 알게 하라. 바빠서 그런 사소한 일에 쓸 시간이 없다고 곧바로 말하고, 그런 연후에 당신이 회사에서 책임자(기타 직함 아무것도 좋다) 위치에 있음을 이야기하라. 그렇게 말할 때에 당신이 중요한 인물이라는 것을 분명히 그가 알게 하여야 한다. 그러나 주의할 것은 지나친 허장성세를 부려서는 안 된다. 만약 당신이 그 업종에 대해 잘 알지 못한다면 절대로 많이 아는 척해서는 안 된다. 만약 사실대로 알려지고 나면 상대가 당신을 지배하려 들 것이고, 그렇게 되면 당신의 처지는 더욱 어려워질 것이다.

셋째, 아마도 이것이 가장 좋은 충고일 것이다. 가능한 최대한도로 난감한 상황을 가질 만한 장소를 피하라. 그런다면 영원히 난감함을 느끼지 않을 것이다. 예를 들어, 당신의 아내로 하여금 가구상이나 실내 장식가 혹은 레스토랑의 직원과 상대하도록 하거나 여자 친구에게 메뉴판에서 먼저 음식을 골라 주문하게 하라. 만약 그녀가 고르지 못한다면 당연히 당신도 고르지 못한다는 이유로 무시하지 않을 것이다.

성공한 사람의 위세

앞에서 말했듯이 남의 영역에 갔을 때는 반드시 조심하고 신중해야 한다. 그렇지 않으면 앞에서 굴욕을 당할 수 있다. 이것은 당신이 자기 영역에 있을 때에 또 무엇을 일깨워주는가?

당신은 대부분의 시간을 자기 영역에서 지낸다. 따라서 그 유리한 지위를 이용하는 법을 배워야 한다. 누군가가 당신의 영역에 들어왔을 때 전문가는 바로 당신이다. 직업이 변호사인 당신에게 찾아온 사람은 충고를 얻으려고 왔음을 기억하라. 그가 당신에게 수임료를 주면서까지 당신을 찾아온 것은 자신보다 법률에 대해 더 많이 알고 있다고 생각하기 때문이다. 그렇게 생각하지 않는다면 당신을 찾아올 리가 없다. 또 회계사, 의사, 건축업자, 화훼 전문가, 이벤트 업자, 약사 혹은 자동차 판매상을 막론하고, 당신과 상의하러 온 사람들보다 해당 업무에 대한 이해는 훨씬 뛰어나다는 점을 기억해야 한다. 그렇게 하지 않는다면 당신의 자신 없는 태도 때문에 일거리를 잃고 말 것이다.

따라서 과감하고 자신감에 찬 행동을 해야 한다. 그렇게 해야만 위세에 눌리지 않고, 그들에게 위세를 부릴 수 있다.

듣기에 따라 다소 떳떳하지 않게도 들리겠지만, 어떤 특정한 상황에서 이런 전술은 분명히 효과가 있으며 또한 이치에 맞는다. 당신이 노련하게 대처한다면 당신에 대한 신뢰가 손상되지 않을 것이다.

많은 사람이 위세를 잘 부리는 사람은 의사라고 여긴다. 의사들은 다음과 같이 말할 수도 있다. "얼마나 바쁜지는 몰라도 즉시 입원해야 합니다. 우리가 철저하게 검사를 해서 두통의 원인을 찾아내겠습니다. 당신의 일은 우선 놔두세요. 목숨이 중요하니까요."

의사를 제외한다면 그다음으로는 변호사를 들 수 있다. 물론 그들은 법률과 계약서 및 변호 사례를 잘 안다. 따라서 늘 주도적인 위치를 차지한다. 당신은 문제가 있을 때에야만 비로소 변호사를 찾아갈 것이기 때문에 시작부터 변호사가 모든 국면을 통제하게 되어있다.

세무에 관한 문제를 가지고 그럴듯한 회계 사무소를 찾았을 때도 상황은 마찬가지다. 증권관리위원회와 부서를 찾았을 때, 회계 사무소의 충고대로 하지 않으면-원하든 원하지 않든-그들은 당신을 위세로 억눌러버릴 것이다.

컨설턴트 역시 기본적으로 같다. 결국, 그들은 전문가이고 당신은 그에게 도움을 구하는 처지이다. 보험 판매원이 보험 상품의 두툼한 약관 서류를 당신 앞에 늘어놓을 때 열세의 처지를 벗어나기 어려운 것도 마찬가지이다.

다른 사람들도 각자의 전문지식, 박사학위, 이력 혹은 기타 어떠한 수단으로라도 위압적인 모습을 지니고 겁을 줄 것이다. 그들은 반드시 그러한 모습을 이용하여 고객을 붙잡아두려 한다. 왜냐하면 일단 누군가의 서비스를 받기 시작하면 앞으로의 사업에서도 그들의 손아귀에서 벗어나기란 매우 어려운 일이며, 심지어 영원히 벗어나지 못하기 때문이다!

유능한 세일즈맨은 위세의 가치를 의식하고, 고객에게 위세를 부릴 줄 안다. 기억할 점은 어느 누구도 그가 내놓는 상품을 처음부터 기꺼이 살 사람은 없다는 점이다. 가능성 있는 고객이 세일즈맨의 이야기를 들은 후에 맨 처음으로 보이는 반응은 결정할 시간을 끄는 것이다. 경험이 많은 세일즈맨은 이야기가 나온 김에 거래를 성사시키지 않으면 자신의 잠재적 고객이 흥미를 잃으리라는 사실을 잘 알고 있다. 그러하기에 많은 상황에서 위세는 거래가 이루어지는데 가장 효과적인 방법이다.

뛰어난 능력을 가진 많은 세일즈맨은 매우 교묘한 방법으로 고객을 겁줄 줄 안다. 그들 중 대부분은 고객을 별로 진지하게 대하지 않으나 고객은 여전히 그들에게서 상품을 구매한다. 대부분 세일즈맨의 위세에 눌려 반항할 사람은 거의 없기 때문이다.

영업 사원은 늘 고객에게 말하기를 그들이 그 지역에서 가장 뛰어난 제조업체이며, 누구보다도 제품에 대해 더 잘 안다고 한다. 그러면 고객은 주위 사람들에게 자신이 일류 회사 세일즈맨, 펀드 매니저 혹은 최고 증권회사와 거래하고 있다고 자랑스레 말할 것이다. 따라서 고객에게 당신이 얼마나 뛰어났는지를 알려주는 것을 겁내지 마라. 고객의 말에 귀 기울여보면 자신들에게 새집, 새 자동차 혹은 새 텔레비전을 판 자신들(세일즈맨)이 얼마나 대단한가를 즐겨 과장해 말한다는 것을 발견하게 될 것이다! 즉, 당신이 얼마나 뛰어났는지를 정말로 알게 하려면 고객에게 그 점을 말해주고 또 그것이 상품 소개의 한 부분이 되게 해야 한다.

한편, 매일 매일의 거래에서 남을 겁주는 여러 가지 수단이 있다. 가장 흔한 것은 은행가의 위세이다. 특히, 대출 상담에서 매우 뚜렷하게 나타나는데, 그것은 당신이 그들에게서 대출을 해야 하기 때문이다. 그밖에 이가 아프면 치과에 가야하고, 도로를 달리다가 별안간 차가 멈춰 서면 부득이 근처에 있는 유일한 자동차 수리점에 가는 수밖에 없다. 이런 경우는 모두 계략에 빠지고 위세에 억눌리게 된다.

그 밖에도 위세를 부리는 기교가 많은데, 여기에서 잠시 언급해

본다. 어떤 세일즈맨은 사무실의 고객 의자를 조금 낮게 배치하여 고객이 힘들여 고개를 들고 자신을 올려다보게 한다. 혹은 의자를 창 앞에 배치하여 고객이 눈 부신 빛을 대하게 한다. 또 어떤 사람은 목소리를 높이거나 거친 말을 사용하여 상대를 겁주기도 한다. 이러한 방법들은 확실히 위세를 가하는 이의 마음속 감정을 숨기면서도 상대를 성공적으로 겁줄 수 있게 한다.

앞에서 어떻게 상황을 잘 인식하여 자신의 충고에 위세를 더하는가에 대해 적극적으로 충고하였다. 그러나 주의해야 할 것은 위세의 이미지가 새로워야만 경쟁에서 승리하게 한다는 점이다. 모든 현상이 그렇듯이 무엇이 당신의 장기적인 목표에 가장 유리할 것인지, 그리고 무엇이 가장 좋은 효과를 거두게 도와줄 것인지에 대해 반드시 잘 인식해야 한다.

성공한 사람의 이미지를 만드는 네 가지 방법

✔ 당신의 차림새에 주의하라

한 미국의 사회학자는 다음과 같은 실험을 하였다. 한 피실험자를 '뉴욕 캐슬사'의 본사에 들어가게 하였다. 그는 검은색에 커다란 흰 지퍼가 달리고 굽이 달아 떨어진 신을 신고 천박한 청록색 양복 상의에 얼룩무늬 면 넥타이를 맸다.

본사에 도착하여 이 피실험자는 50명의 비서에게 공문서가 든 상자를 가져오게 하였다. 그 결과 50명 가운데 12명만이 명령을 따랐다. 다음 실험에서 그는 유명 상표의 감색 양복 상의와 흰 셔츠에 물방울무늬의 비단 넥타이를 매고 비싼 구두를 신고서 단정한 머리 모양을 하였다. 그리고 같은 지시를 내리자 50명의 비서 가운데 42명이 요구를 따랐다.

영국의 한 심장병 전문의는 단정한 외모와 깔끔한 옷차림은 심장외과 의사에게는 지극히 중요하다고 하였다. 그는 다음과 같이 말했다. "그것이 허영이라고 말할 수도 있겠지만, 저는 그것이 자존심과 관련된 문제라고 생각합니다. 제 생각에 어떻게 진료하고 자신을 유지할지를 일러주면서 이야기할 때, 거칠고 살찐 모습에 담배를 삐딱하게 문 저를 보인다면 환자는 분명히 저에 대한 믿음을 잃을 것입니다. 태도가 엉망이고 주변을 단속 못 하는 의사에게 자신을 수술하라고 할 사람은 없을 것입니다."

새로 고용된 영업 사원들의 말에 따르면 그들이 할 수 있는 가장 효과적인 투자의 한 방법은 값나가는 옷 몇 가지를 사는 것이라고 한다. 하나는 줄무늬 양복 상의이고 하나는 옅은 회색 양복 상의이며, 그 외에 마음에 드는 셔츠라는 것이다. 이 옷들은 옷걸이에 걸린 평범한 복장보다 값이 더

나간다. 비록 예산이 부족하더라도 두 벌만을 매주 번갈아 입을지언정, 값싼 옷 여러 벌을 사지는 않는다고 한다. 왜냐하면 값싼 옷들은 자기가 원하는 이미지를 보이는 데에 불리하기 때문이라는 것이다.

같은 사고 방식으로 머리 모양을 디자인할 수 있다. 물론 머리 모양은 매년 다르다. 1950, 60년대의 장발에 대한 생각은 오늘날 기준으로 보면 너무 보수적이다. 우리가 마땅히 고려해야 할 점은 단정한 정도이지 머리의 길이가 아니다. 턱수염이나 콧수염의 기준도 마찬가지다. 단정하게 잘 손질하여 다듬는다면 깔끔하게 보일 것이다.

여기에서 야간에 근무하는 상인이나 경제계 인사들에게 해줄 조언이 하나 있다. 가방 안에 휴대용 면도기를 항상 넣어두라는 것이다. 매일 오후 일이 끝나갈 무렵이나 초저녁의 중요한 회의에서 피곤함에 지친 얼굴은 좋은 첫인상을 남기기 어렵다. 5분의 시간을 내어 면도한다면 당신은 한층 정신이 맑아질 것이다.

✔ 바쁜 모습을 보여라

미국의 성공학 학자 수커는 다음과 같은 이야기를 하였다. 그가 6개월마다 하는 건강 검진을 마치고 나왔을 때 간호사가 6월 23일에 다시 한 번 검사를 받을 수 있겠느냐고 물었다. 수커는 간호사의 말에 놀라 되물었다. "뭐라고요? 다음 달이라고요? 난 막 건강 검진을 받아서 6개월 안에는 다시 와서 검사할 필요가 없는데요." 그러자 간호사는 웃으면서 말했다. "수커 씨, 다음 달을 말하는 것이 아닙니다. 우리는 이미 내년 6월분까지 예약이 찼습니다." 그러자 수커는 급히 말했다. "그렇다면 제 이름을 올려 주세요. 지금 예약하지 않으면 더 오래 기다려야 하겠군요!"

의사에게 이미 13개월간의 환자가 예약되어있다는 사실은 수커에게 또 다른 생각이 들게 하였던 것이다. 그는 이 의사는 분명 이곳에서 가장 유능한 의사일 거라고 믿었다.

상반되는 예를 들어보자. 한 의사가 환자의 전화 예약을 받으면서 다음날 9시에 예약할 수 있다고 하였다. 그 시간에 환자가 갈 수 없다고 하자 의사는 11시로 바꾸는 것에 동의했다. 나중에 환자는 또다시 일이 있다며 시간을 바꾸자고 했고, 의사는 오후 2시로 시간을 정했다. 그리하여 그 의사는 상대에게 "가련한 이 친구는 이날 한나절이나 환자가 없구나!" 하는 인상을 남겼다. 바로 내일의 환자 예약도 없는 의사의 상황은 틀림없이 좋지 않을 것이다. 한번 그런 모습으로 계속해서 비치면 환자에게 어떠한 믿음도 주기 어려워진다.

만약 당신이 종사하는 업종이 참신한 사업이거나 혹은 이미 몇 년이 되었으나 아직 만족할 만한 일정 수준에 이르지 못하였다면 마태효과의 '성공은 성공을 낳는다' 라는 법칙을 단단히 견지할 것을 충고한다. 당신이 배워야 할 제1과는 항상 바쁜 것처럼 보이는 것이다. 즉, 당신의 약속이 거의 없다는 것을 고객은 절대 모르게 해야 하며, 반대로 늘 '매진' 되었다고 느끼게 해야 한다.

이 법칙을 가장 잘 운용하는 실례는 전문직 인사들이 그의 고객이나 환자가 된 사람들에게 시간을 내주는 것 자체가 아주 큰 은혜나 얻은 것처럼 느끼게 하는 경우이다. 이른바 환자가 끊이지 않는 의사들은 사람들에게 내세우기를 이미 예약이 다 차서 다른 환자는 예약 명단에서 배제되었다고 한다. 물론 그것은 사실이 아닐 수도 있다. 많은 전문가는 당신이 자신의 주 고객이 아니라면 잠시 '빈 시각에' 당신에게 서비스를 제공하고 있는 것일 수도 있다. 그들은 '성공은 성공을 낳는다' 라는 법칙을 숙련되게 운영할 줄 아는 것이다.

매우 바쁜 모습을 보이는 것은 중소기업 같은 작은 회사에는 특히 중요하다. 어떤 작은 회사는 고객에게 자세하게 묻는다. 당신이 누구이며 왜 전화를 했는지를 설명하게 하고는 이야기를 다 들은 접수원은 다시 전화를 비서실로 돌린다. 비서는 또다시 똑같이 물어본다. 몇 번을 거치고 나서 당신이 만나려는 사람과 통화할 때에는 이미 사무실의 모든 사람들과 말을 한 다음이 된다. 이런 방법은 확실히 중요한 분위기를 만들 수 있다. 많은 사람은 만나려는 사람과 통화하기 전에 통화해야 하는 접수원이나 비서가 많으면 많을수록 그만큼 자신이 만나려는 그 사람이 중요하다고 생각하게 된다. 간혹 사장이 직접 전화를 받아야 하는 경우라도 그가 직접 전화를 받으면 흔히 작은 거래나 하는 모습으로 비칠 수 있다. 사실 작은 회사는 주위에 접수원이나 비서가 없기도 하다.

✔ 사무실을 명예실로 바꾸라

'성공이 성공을 낳는다' 라는 법칙이 요구하는 것은 가능한 한 지닌 모습을 미화할 수 있는 표시로 각자의 사무실을 꾸미라는 것이다. 상장이나 증서 등은 잠재적 고객에게 당신이 어떻게 우수한 인물인지를 효과적으로 알려줄 것이기 때문이다. 그와 마찬가지로 휘장이나 장려패도 유사한 효과를 낼 수 있다.

어떤 유명한 변호사는 사무실에 액자를 몇 폭 걸어두었는데, 액자 속 사진들은 자신과 몇 명의 이사가 회의탁자 주변에 앉아있는 것들이었다. 그는 많은 이사회의 일원이었으므로 사람들은 그 사진에서 유명한 기업인을 알아보기도 하고 못 알아볼 경우에는 무슨 사진이냐고 묻기도 할 것이다. 이러한 암시적인 문제 제기는 변호사에게 '연설'을 할 기회를 얻게 할 수 있다. 그러면 사람들은 그런 회사들의 이사회 회원이니 틀림없이 유능한 변호사라고 생각하지 않을 수 없게 된다.

자금에 부족함이 없다면 큰 비용이 계속해서 들어간다 해도 사무실을 꾸며야 한다. 최고급 사무용품을 사들이고 바닥에는 고급 수제 양탄자를 깔며 벽에는 저명한 화가의 원작을 걸어두어도 된다. 유명 작가의 작품을 살 능력이 없다면 정밀한 복제품이나 다른 예술가의 작품으로 장식해도 된다.

또 그밖에 이미지 만들기에 유익한 장식품으로 장식할 수 있다. 예를 들어, 역사를 말해줄 물품도 있고, 증서나 상장, 상패 및 명예증서나 트로피 등을 포함한 회사의 고위직들이 사용한 물품도 많이 있다. 물론 가족사진도 된다. 특히, 가정과 일상 생활을 매우 사랑하는 모습을 보이는 것은 아주 유익하다.

어떤 생명보험 회사의 임원은 가능한 모든 시간에 고객이 자신의 사무실에 와 만나게 하였다. 그는 자신과 고객 사이에 변호사와 위탁자의 관계를 수립하고자 하였다. 자신의 사무실에서 고객을 위해 보험계획을 세운다면 그 고객으로 하여금 수시로 더 많은 유익한 정보를 얻게 할 뿐만 아니라, 회사와 개인의 이미지를 세우는 데에도 더욱 도움이 될 수 있기 때문이었다.

임원의 사무실 벽에는 그가 얻은 많은 상장과 회사 지도자로서의 금속 휘장 및 사회에서의 걸출한 업적을 찬양하는 공로패가 걸려있었다.

"내 벽은 내 고객이 내가 누구인지를 알기 쉽게 해 주지만, 내가 그의 사무실에 간다면 나는 그에게 그런 인상을 남길 수 없다. 또 자기 터전에서 일을 한다면 조건이 더 낮지 않겠는가?"

임원의 말처럼 그의 사무실에서 이루어지는 경영 실적의 효과는 매우 뚜렷하였다.

✔ 몸값을 올려라

예술계에 종사하는 많은 사람이 그들의 작품 값을 올릴 수 있는 중요한 요인 역시 '성공이 성공을 낳는다' 라는 법칙에 있다.

만약 한 예술가의 어떤 작품이 이미 높은 가격에 팔렸다면 다른 모든 그의 작품은 쉽게 팔린다. 그 안의 신비는 그가 화폭에 그리는 재능이 어떠하든 간에 어떤 작품이라도 이미 그에게 성공의 이미지를 수립하는 능력이 있다는 것을 알려주었다는 데에 있다. 우리가 보기에 초등학생이 그린 것 같은, 그 예술가가 한 시간 만에 그린 것 같은 것임에도, 판매 가격이 보통 사람 연봉의 몇 배가 되고 있다. 더군다나 놀라운 것은 사람들이 뜻밖에 그런 예술품을 매우 기꺼이 사며, 나중에 고가로 팔 수도 있다는 점이다.

그것은 사람들은 직감적으로 높은 가격이라야 물건도 좋을 수 있다고 생각하기 때문이다. 대다수 사람은 다음과 같이 생각한다. "이렇게 비싼 가격에 샀으니 내가 산 것이 틀림없이 가장 좋은 것이겠지."

의사, 변호사, 기업 컨설턴트와 같은 제공한 노동에 대해 반드시 보수를 받는 사람들은 자신이 정한 보수의 기준에 대해 지극히 신중하게 분석해야 마땅하다. 만약 지나치게 낮다면 이미지도 좋지 않게 되며, 사업에도 손해가 될 것이다. 보수의 기준을 높여야만 비로소 당신의 몸값이 높고 능력도 많다는 것을 보여줄 수 있다.

기업의 브랜드 가치를 높이는 세 가지 방법

기업에서도 성공의 이미지를 만드는 방법은 개인의 경우와 다를 바 없다. 덧붙여 다음 세 가지를 보충한다.

✔ 전국적으로 유통하는 간행물에 광고하라

일반 독자들은 그런 광고를 볼 때 다음과 같은 결론을 얻을 수 있다. "와, 이 회사가 이렇게 크게 사업하는지 정말 몰랐네. 이렇게 유명한 잡지에 전면 광고를 하니 틀림없이 장사가 잘되겠구나!"

✔ 유능한 비서를 고용하라

유능하고 뛰어난 비서 한 명을 고용하라고 강력히 권고한다. 의심의 여지없이 비서에게 쓰는 비용은 그냥 사라져버리지 않을 것이다. 당신은 비용의 초과 지출에 대해서도 머뭇거려서는 안 된다. 비서는 당신을 크게 도울 것이다. 전화를 받고, 일상의 사소한 일을 처리하며, 손님을 맞이하고, 구두로 한 지시를 기록하며, 문건을 분류하고 정리할 수 있는 숙련된 비서는 회사의 질서정연한 업무를 위해 지극히 중요하다.

사실 이 방면의 인물은 매우 부족한데 유능한 비서 한 명은 극히 효과적으로 업무 효율을 높일 수 있다. 당신의 사무실에 다른 사람을 고용할 때에도 같은 사고 방식을 가져야 한다. 최고가 되려면 반드시 최고를 투입해야 한다는 것을 기억하라.

✔ 가장 좋은 대리인을 초빙하라

유명한 변호사 사무소와 회계 사무소 및 광고 회사를 당신의 대리인으로 삼는 것은 지극히 가치가 있다. 잠재적 고객과 당신이 해결하려는 계약을 토론할 때에, 만약 당신이 협력업자로 유명한 사무소나 회사의 이름을 언급한다면 그것은 당신의 논점에 힘을 실어줄 뿐만 아니라 회사의 이미지를 높이는 데에도 더욱 유리하다. 외부에 당신 회사가 유명하고 뛰어난 실력을 갖춘 전문 회사와 협력한다는 것을 알려주는 것은 당신 회사의 이미지에 플러스 요인이 된다.

또한, 가장 좋은 용역업체에 용역을 준다면 득이 실보다 많을 것이다. 최고의 전문 용역업체는 중요한 이미지를 만들어줄 뿐만 아니라, 회사의 장기적인 안목에서도 없어서는 안 될 존재이기 때문이다.

자원의 확대에 영향을 주는 대인 관계

기업의 CEO 사무실에는 늘 그들이 현지 정부 관료나 심지어 국가 최고원수와 같이 찍은 사진이나 그들이 준 액자 등이 걸려 있다. 그렇게 함으로써 CEO의 발이 넓고 유대 관계가 좋다는 것을 보여준다. 심지어 회사에 대한 고객의 믿음을 높이는 데에 도움이 되며, 나아가 더 큰 사업에서 협력할 수도 있기 때문이다.

누군가는 다음과 같이 말했다. "한 사람의 대인 관계를 보면 그가 어떤 사람인지, 그리고 장차 무엇을 할 것인지 안다. 많은 사람의 성공은 모두 좋은 대인 관계에서 시작한다."

확실히 우리는 남과 유대 관계를 맺지 않는다면 이 세상에서 살아있어도 죽은 것이나 다름없다. 다른 사람과 맺는 두터운 유대 관계는 우리가 살아가는 삶의 중심이라 할 수 있다. 이 말은 한물 간 것 같지만 아직도 진리로서 존재한다.

비록 인연이 없거나 많지 않더라도 20퍼센트의 핵심적인 사람과 유대 관계를 맺고, 거기에 생사고락을 같이할 만한 한둘이 더 있다면 넉넉하다. 사업이 발전하는 데 있어 그 기초가 잘 다져져 있는데다 더불어 온 세상 사람과 인연을 유지한다면 금상첨화일 것이다. 속담에 '하늘만큼 큰 안면, 땅같이 큰 본전'이란 말이 있는데, 바로 그것을 가리키는 말이다. 실례로 그 본질을 가장 잘 알고 또 자유자재로 운용한 경우는 아마도 금융계의 거물 로트칠트 Rothchild 가문일 것이다.

19세기 초기에 로트칠트는 파리로 갔는데 오래 지나지 않아 매우 어려운 문제에 봉착했다. 유대인이자 이방인으로서 외국인을 적대시하는 프랑스 상류층의 존경을 어떻게 받느냐의 문제였다. 로트칠트는 권력을 이해하는 사람이었다. 그는 자신의 재산이 지위를 주리라는 것을 알았다. 그러나 로트칠트는 그 때문에 사교계 주변부만 맴돌았으며, 끝내는 지위와 재산도 보장받을 수 없는 지경에 이르렀다. 그래서 로트칠트는 당시 사회를 자세히 관찰하면서 어떻게 하면 남들의 환영을 받을지를 생각하였다.

자선사업? 프랑스 사람들은 조금도 관심을 보이지 않았다. 정치적 영향력? 그것은 이미 가졌고 결과적으로 사람들이 더욱 그를 시기하였다. 그는 마침내 틈새를 찾았다. 그것은 '무료함'이었다. 군주제가 복원된 시기에 프랑스 상류층은 대단히 무료하였다. 따라서 로트칠트는 많은 경비를 들여 그들이 즐길 수 있도록 하였다. 그는 프랑스 최고의 건축가를 고용하여 아름다운 정원과 무도회장을 설계하였으며, 가장 이름난 프랑스 요리사를 고용하여 파리에서는 듣지도 보지도 못한 호화로운 연회를 준비했다.

프랑스인은 그 연회가 독일계 유대인이 주최한다는 것을 알았지만 어느 누구도 저항할 수 없었다. 로트칠트의 연회는 갈수록 많은 손님을 끌어들였다.

로트칠트의 연회가 보여준 것은 프랑스 사회와 하나가 되려고 갈망하는 노력이었지 이리저리 어울리려는 모습은 분명 아니었다. '부를 과시하는 연회'에서 돈을 물 쓰듯 씀으로써 로트칠트가 가진 권력이 단지 돈에만 있는 것이 아니고 더욱 귀중한 문화 영역에 있음을 보여주고자 한 것이다. 로트칠트는 돈을 써서 사회의 용납을 얻어냈지만 반대급부로 얻어낸 지지 기반은 돈으로는 살 수 없는 것이었다. 그 후 몇 년간 줄곧 그들 귀족으로부터 혜택을 입었으며 사업도 더욱 확대되었다.

신용과 브랜드를 이용하여 고객을 모으라

개인이나 기업이 일단 자신의 신용과 브랜드를 세우면 그것이 비바람을 막아주고 좋은 결과로 작용할 것이다.

일반적으로 텔레비전이나 잡지 혹은 길가에 세운 광고로 고객을 끌어들이는데 그럴 필요까지는 없을 것 같다. 시장에서 끊임없이 외쳐대는 장사치들이 즐겨 쓰는 수법을 사용해보라.

피자가게 주인인 당신은 주변의 사무실에 전단이나 견본을 뿌릴 수 있는데, 그런 방식을 이용해 새로 나온 피자를 소개할 수 있다. 보험 세일즈맨인 당신은 고객과 친지와 이웃에게 문안을 드리는 엽서를 보내 안부를 전할 수 있는데, 이는 누구라도 할 수 있는 일이다. 또한, 홈페이지를 개설하여 상단에 당신이 지닌 개인 브랜드의 강점을 강조할 수도 있다. 심지어 선전물을 걸 수도 있는

데, 정치인들이 선거철에 곳곳에 거는 것처럼 그렇게 과장할 필요
는 없다.

당신은 개인 브랜드를 위해 많은 일을 할 수 있다. 그중 한 방법
으로는 사무실 동료에게(혹은 이웃 또는 불특정 손님이나 행인에게) 당
일 오후 6시에 맥주 한 통을 마련하니 와서 다 마셔달라고 청하는
전단을 주는 것이다. 그러면 그들은 당신에게 무슨 일이냐고 물을
것이다. 이때 당당하고 자랑스럽게 모여든 사람에게 당신의 개인
브랜드를 팔고 싶다고 답해야 한다. 분명히 말하건대 당신의 개인
브랜드를 위해 정한 규칙을 지킬 수만 있다면 제한 없이 유대 관
계를 맺을 기회를 줄 것이다. 또 그것은 당신을 지탱해줄 바탕이
될 것이다. 그리고 그런 방법을 통해 차별화된 브랜드가 굳게 형
성할 수 있다.

앞서 얘기한 자기선전과 관련된 예는 꼭 제품에 관한 것만은 아
니라는 것을 이미 알았을 것이다. 당신이 피자를 공급할 때에 반
드시 구체적 제품을 선전하지 않고도 개인 브랜드로 다음과 같이
알릴 수 있다. "피자가게 주인으로서 제가 내세우는 것은 새로운
맛입니다" 혹은 "제가 내세우는 것은 피자의 품질과 새로움입니
다"라고 말할 수도 있다.

몬트리올의 피에르 포쉐Pierre Faucher는 그와 유사한 방법을 채택
했다. 그는 업종을 바꿔 캐나다 고유의 단풍나무 시럽maple syrup을

생산했다. 또한, 그의 설탕 오두막Sucrerie de la Montagne에서는 시장에 당분이 들어간 주스를 판매할 뿐만 아니라, 오두막에서 갖는 수렵 여행 체험을 이벤트로 내놓아 제품이 사람들과 시장의 수요에 적응하게 하였다.

유명 제품 생산자가 대부분의 광고에서 지나치게 제품만을 알리기를 고집한다면 더 중요한 브랜드 가치를 두드러지게 드러내기가 어렵다. 그러다 보면 다른 회사 역시 자신들 제품의 품질과 안전성, 디자인의 뛰어남을 알리며 무한 경쟁을 하게 되는 상황에 빠지게 된다. 즉, 브랜드 가치가 아닌 제품의 가치만으로는 기존의 강점이 점점 퇴색할 수 있게 된다.

한 명의 고객 뒤에 있는 250명의 잠재 고객

고객 한 명의 등 뒤에는 대략 250명이 서 있다. 그들은 고객과 비교적 가까운 사이인 동료, 이웃, 친척, 친구 등이다.

세일즈맨 한 사람이 연초에 50명을 만난 가운데 두 명이 그의 태도를 불쾌하게 느꼈다. 그렇다면 연말에 가서는 연쇄적인 반응으로 5,000명이 그 세일즈맨과 거래하기를 바라지 않을 수 있다. 그들은 이 사람과 거래하면 오히려 자기가 피곤해질 수 있다고 생각하기 때문이다.

이것이 바로 미국의 유명한 자동차 세일즈맨 조 지라드의 250 법칙이며, 마태효과에서 보이는 고객 관련 영업에 따른 직접적인 효과이기도 하다. 지라드는 고객의 역량을 통해 자신의 영업망을 확대할 수 있다면 판매량을 수십 배로 올릴 수 있다는 결론을 얻었다.

고객을 얻는 것은 바늘 끝으로 흙을 쌓는 것과 같아서 많은 노력이 필요하다. 그리고 많은 고객을 잃는 것은 힘들게 쌓아 올린 모래를 홍수가 쉽게 무너뜨리는 것과 같다. 고객 한 사람의 만족을 얻어내는 것은 어떤 의미에서는 많은 고객의 신뢰와 지지를 얻어내어 시장의 주도권을 차지하는 것이다.

지라드는 매일 250의 법칙을 마음속에 담아두고, 매 시각 자신의 감정을 통제했다. 고객의 비난이나 고객에 대한 미움 혹은 자신의 나쁜 정서 등을 이유로 만나는 고객에게 게을리하거나 불성실하지 않았다.

"당신이 고객 한 명을 쫓아낸다면 그것은 250명의 잠재적인 고객을 쫓아내는 것과 같다."

즉, 세일즈맨에게 있어서 고객의 도움이 특히 필요하며 많은 거래는 모두 '사냥개(그를 찾아온 고객이 물건을 사가게 하는 사람)'가 도와준 결과로, "내 자동차를 산 고객은 모두 내 판매를 도와줄 수 있다"라고 지라드는 말했다.

거래가 성사된 후에 지라드는 늘 명함과 '사냥개 계획'의 설명서를 고객에게 건넸다. 설명서에서 고객에게 알린 것은 만약 다른 사람에게 차를 사도록 소개한다면 거래 후에 차 한 대당 25달러의 수고비를 주겠다는 내용이었다. 며칠 후에 지라드는 고객에게 이후에도 매년 '사냥개 계획'이 첨부된 편지를 받을 것이라는 감사의 카드와 명함을 부치며, 자신의 약속이 여전히 유효함을 일깨웠다. 지라드는 자신의 고객이 지도층이라면—다른 사람이 그의 말을 들을 수 있을 것이므로—더욱 노력하여 거래를 성사시켜 그가 '사냥개'가 되도록 방법을 세웠다.

한편, '사냥개 계획'의 관건은 고객에게 반드시 25달러를 주는 신용을 지키는 것이다. 그리고 지라드의 원칙은 비록 50명을 놓치더라도 핵심적인 인물 한 사람은 놓치지 않는다는 것이다. '사냥개 계획'은 그에게 많은 수익을 남겼다. 1976년에 150건이 성사되었는데, 이는 대략 총 거래액의 3분의 1이 되었다. 지라드는 '사냥개 계획'에 쓰인 돈으로 1,400달러가 지출됐지만, 75,000달러의 보수를 받았다.

대체로 고객의 상품 판매에 대한 영향은 수직적 전개와 수평적 전개의 두 방법으로 분석하고 판단할 수 있다.

수직적 전개는 고객 자신의 소비활동에서 자사 제품의 사용 공간과 고객이 다시 구매할 가능성이 얼마나 큰 것인가를 가리킨다. 만약 같은 물건을 다시 사지 않는다면 그 고객이 아침에 일어나서

잠자리에 들 때까지 자사의 다른 관련 상품을 쓸 기회가 얼마나 많은가 하는 것이다.

수평적 전개는 고객 주위의 사람들이 얼마만큼의 영향을 받을 수 있는가를 가리킨다. 즉, 고객과 가족, 친척, 친구, 동료와 대화의 정도가 얼마인지에 따라 당신의 상품 구매를 촉진할 수 있는가 하는 것이다.

만약 상품이 수평과 수직 두 방면 모두 확장 가능성이 있다면 어떤 상품으로든 고객을 흡수하기만 하면 지속적으로 다른 상품을 고객의 시야 안에 넣을 수 있다. 심지어 고객 주변의 친구들에게도 확산시킬 수 있으며 판매는 한결 쉬워진다. 자본이 부족한 회사일수록 그것은 대단히 유혹적인 방법이다.

따라서 영향력 있는 고객의 몇 마디만으로 주위 사람들이 새로운 고객층이 될 수 있으며, 그를 통해 비용이 들지 않는 광고 효과를 볼 수 있다. 그런 핵심적인 고객을 얻은 후에야 상품 판매가 갈수록 원활해지고 회사도 순조롭게 대량판매라는 마태효과에 진입할 수 있다.

영향력 있는 고객을 찾는 세 가지 기준

여기서 더 많은 고객을 몰고 올 수 있는 영향력 있는 고객은 어떤 사람인가를 묻지 않을 수 없다. 일반적으로 사람들은 다음의 세 가지 기준으로 영향력 있는 자신의 고객을 찾는다.

✔ 잠재적 고객이 동경하는 사람

소위 잠재적 고객이 동경하는 사람이란 인기 있는 스타 혹은 기업의 고위 관리층이다. 예를 들어, 미용기기를 판매할 때에 "남한테 말하지 마세요. 연예인 대부분이 이걸 써요"라고 말하기만 해도 소문이 금세 퍼져 잘 팔리는 상품이 될 것이다. 또 호텔에 상품을 판매할 때에도 "힐튼 호텔에서 쓰는 것도 이 상품입니다. 무료로 사용해 보실 수 있습니다"라고만 말해도 많은 상황에서 상대가 다음 단계의 상담을 요구할 수 있다.

인기 있는 스타와 기업의 고위 관리층이 당신의 고객이 된 이후에는 업무가 대단히 순조롭게 바뀔 수 있다. 특히, 새 업무를 시작할 때 그 점을 빌어 성장하는 시간을 대폭 줄일 수 있다. 따라서 처음에는 손해를 보는 한이 있어도 그들을 당신의 고객으로 만들어야 한다.

물론 의사나 변호사, 대학교수같이 '선생님'으로 불리는 직업이 갖는 주변에 대한 영향력도 무시할 수 없다. 이 점은 광고 효과에서도 분명히 드러난다. 무료로 증정하는 화장품 자료 광고에서 모델에게 의사 역할을 하게 하면 반응이 크지만, 요리사로 바꾼다면 반응이 떨어진다.

그러므로 사람들이 부러워하는 직업을 가진 사람이 당신의 고객이 된 후에는 상품 경쟁력은 바로 올라간다. 그런 효과가 있기에 대기업에서는 큰 비용을 들여서라도 스타를 모델로 기용해 광고하는 것이다.

그러나 그만한 자금이 없으니 어떻게 할 것인가?

유명한 스타 대신 당신 주위의 사람을 유명인으로 변화시키는 것도 좋은 방법이겠다.

작은 피트니스 클럽에서는 무용이 강세 종목이었다. 클럽이 작아서 유명한 무용계 스타는 있을 수 없었다. 그러나 그들의 광고를 보면 무용을 가르치는 사람은 모두 실력파에 속하며 심지어 '여기가 유명한 무용 스튜디오 아니야' 하는 느낌마저 들게 하였다. 그 안에는 극단의 군무 무용수와 재즈 댄스 선발대회의 우승자가 더러 있었다. 또 어떤 사람은 디즈니랜드의 위생담당 총감독을 했다고 적혀있었다.

"그 사람이 바닥까지 쓸었단 말이야? 정말 대단하군."

그 사진들은 분명 꽤 고급스러웠고, 정말로 스타 사범이 다 모인 것처럼 보였고, 사람들은 완전히 정복당했다.

관건은 바로 '보임'에 있다. 사실 그들은 무용을 좋아하는 약간 젊은 사람들에 불과했다. 중요한 것은 평범한 사람을 새롭게 보이는 '창조'를 통해 모두가 숭배하는 전문가로 바꾸어놓았다는 것이다. 예를 들어, 회사의 고객 명단에 의사가 있다면 다른 고객에게 "그 사람은 권위자입니다"라고 소개할 수 있다. 의사 자신은 매우 겸손해할 수 있으나 당신이 남들에게 그의 업적을 말할 때에는 반드시 '진정한 권위자'로 보여야 한다. 또 고객명단에 다도茶道에 관한 전문가가 있다면 당신은 남들에게 "아무개 씨는 그분에게 사사하여 배웠습니다"라고 소개할 수 있다. '사사' 하였다는 이 말에 모두가 그 아무개 씨가 누군지 몰라도 다도 전문가는 분명히 대단한 인물이리라고 느낄 수 있다.

물론 당신은 거짓말을 해서는 안 된다. 그러나 만약 전력을 다해 깎고 다듬지 않는다면 크나큰 잘못이다.

대다수의 회사는 눈앞의 인물에 대해 깎고 다듬는 일에 별로 노력하지 않는다. 핵심이 되는 사람들은 저 멀리 있기도 하지만 눈앞에도 있다. 그들의 장점을 발견하여 반복하여 깎고 다듬는 것이 가장 간단하면서도 가장 빨리 고객을 스타로 만드는 비결이다.

✔ 말하는 직업을 가진 사람

말하는 직업을 가진 사람은 일하는 시간에도 당신의 상품을 광고해줄 수 있다. 그는 매일 새로운 상품 정보를 찾고 있으며, 정보를 전달하는 전파력도 놀랍다. 당신에게 최고의 고객이라고 할 수 있다.

인터넷이 유행하기 시작한 초기에는 인터넷 쇼핑몰에서 상품을 구매하는 사람 중에 인터넷 기업에 대한 컨설턴트가 많이 있었다. 이들 컨설턴트들은 인터넷의 최신 동향에 관한 글을 쓰고자 늘 쇼핑몰에서 구매하고 그 후 신문이나 잡지에 글을 기고하고 광고하였다. 만약 이런 고객이 있다면 새로운 고객이 벌떼처럼 몰려올 것이다.

이렇듯 말하기 좋아하고 정보를 전파하기 좋아하는 직업은 또 어떤 것이 있는가?

회사 경영자도 말하는 직업을 가진 사람이라고 할 수 있다. 그들은 매일 가지는 조회에서 자신이 유능하다는 것을 드러내는 말을 해야만 한다. 또 관리자 가운데는 강하게 욕심을 드러내는 사람이 대다수를 점한다. 따라서 자신이 좋아하는 것을 타인에게도 강요한다. 결과적으로 사장이 사용하기만 하면 그 가족도 써야 하고 직원들도 써야 하니, 이러한 고객 망은 맺어지면 질수록 넓어지게 된다.

학교 선생님도 '말'로 살아간다. 또한, 사회적인 영향력도 강하다. 그래서 사업이 도입기에 처해있을 때 그들을 목표 고객으로 삼을 수 있다.

사람들은 흔히 손님과 대화하는 택시기사가 정보의 발원지가 될 수 있다고 생각한다. 그러나 실제로 택시기사를 핵심 인물로 삼아 정보를 전파하면 좋은 효과를 거두지 못한다. 택시기사는 한 곳에 정착하지 않고 사방팔방 달려 당신이 그와 만날 장소를 찾지 못하기 때문이다. 어쩌면 남과 말하는 것을 싫어하여 택시기사라는 직업을 선택했을 가능성도 배제할 수 없다. 반면에 건축업계에서는 많은 것이 모두 소방대원을 통해 광고된다고 이야기를 한다. 소방대원은 야간근무가 많고 임무가 오기를 기다리며 한담을 나눌 시간이 충분하기 때문이라고 한다.

의심의 여지없이 언론 매체는 한담하는 대표적인 업종이다. 만약 고객 가운데 언론 매체의 기자가 있다면 그는 텔레비전이나 라디오에서 당신 대신 무료로 광고해줄 가능성이 있다. 이를 계기로 한 걸음 더 나아가다 보면 일거에 다수의 고객을 얻을 수도 있다.

앞에서 말한 여러 직업은 정보 전파력과 영향력이 각각 다르다. 회사의 고객 전략을 세울 때에 의식적으로 주위의 영향력 있는 사람들에게 관심을 둔다면 당신의 정보는 확성기를 단 듯이 곳곳에서 알려질 것이다.

✔ 정보의 출처를 장악한 사람

소위 정보의 출처를 장악한 사람이란 비록 텔레비전과 라디오, 신문과 같은 언론 매체는 아니지만 대중을 향해 정보를 전할 수 있는 사람이다. 그들은 동시에 많은 사람에게 정보를 알릴 수 있으므로 역시 영향력이 있는 고객이다.

그들은 고객에게 정기적으로 무료 간행물을 발행하는 회사일 수도 있고, 인터넷에서 많은 독자에게 이메일로 전자 잡지를 발송하는 편집자일 수도 있다. 그들처럼 정기적으로 독자에게 정보를 제공하는 사람들은 높은 신임도를 가질 수 있으며, 주변에 강한 영향력을 행사할 수 있다. 정식 매체가 아니므로 전파하는 사람의 숫자가 지극히 제한적이지만, 그들의 전파는 강한 대응성이 있어서 반응의 정도는 일반적인 매체와 비교할 수 없다.

예를 들어, 슐츠 합자회사에서 매월 고객에게 《포도주 통신》이란 증정용 간행물을 발행하였다. 한번은 간행물에 거래가 있는 한 레스토랑을 소개하였더니 다음날 많은 고객이 그 레스토랑으로 몰려들어 주인은 좋아서 한동안 입을 닫지 못하였다고 한다.

더불어 전문 클럽이나 작은 모임 등의 소식에 정통한 사람도 남다른 영향력을 지닌다. 만약 당신이 그곳에서 '창조성'을 가미해 유명한 스타를 만든 후라면 회사도 그들이 벌이는 일련의 화제에 초점이 될 수 있으며, 양쪽 모두 윈윈win-win 관계를 세울 수 있다.

마태효과 10

교육과 과학 연구 영역의 유령

교육과 과학 연구 영역은 인류 문명의 핵심 영역으로 마태효과는 이곳에서도 유령처럼 활동한다. 그러나 이곳에서의 마태효과는 부정적으로 나타난다. 마태효과는 불공정한 교육을 가져올 수 있으며, 학술계를 부패시키는 악성 종양이 될 수도 있다.

심화하는 학교 교육의 마태효과

마태효과는 학교 교육에서 보편적으로 존재하며 주로 다음의 몇 가지로 나타난다.

> ✔ 교사가 성실한 학생에게는 잘 대하고 그렇지 못한 학생에게는 잘못 대한다. 예를 들어, 공부도 잘하고 총명하며 행동이 재빠른 어니는 교사 모두가 좋아한다. 수업 중에는 늘 어니에게 발표를 시키고, 결점이나 잘못이 있어도 지적하여 비평하지 않거나 간단한 몇 마디로 넘어가는 등 학급에서 적잖은 지위를 차지한다. 그러나 장난꾸러기에 공부도 못 하는 피터는 교사들이 다른 눈으로 보고 수업시간에도

발언할 기회를 잘 안 주며, 결점이나 잘못에 대해서는 심하게 야단을 쳐서 좋은 일에는 옆에도 가지 못한다. 이렇게 성실한 학생에게는 잘 대하고 그렇지 않은 학생에게는 잘못 대하는 태도나 행태가 바로 교육에서의 마태효과이다.

✔ 교육의 질이 좋은 학교와 교사는 학생 선발의 주도권을 가진다. 학교 교육의 질이 좋으면 그 학교는 명문이 되고, 교사의 실력이 높으면 그 반은 우수 반이 된다. 그래서 비교적 좋은 싹을 지닌 학생은 모두 그곳에 몰린다. 그들이 거둔 성적은 다시 학교나 교사의 교육 수준의 제고에 필요한 기초를 다져준다. 이러한 현상은 교육과 학생모집제도에서의 마태효과이다.

✔ 학교의 관리 수준이 높고 학교 경영의 질이 좋으면 우수한 교사를 초빙할 조건이 되어 교사진도 갈수록 좋아진다. 반대로 좋지 못한 학교는 우수한 교사를 초빙하기 어려우며 당장 좋은 교사가 있더라도 점차 다른 곳으로 떠난다. 따라서 학교의 질도 떨어진다. 이러한 현상은 교사진 형성에서의 마태효과이다.

✔ 자신감이 강한 학생은 무슨 일이건 시도해보는 데에 용감하다. 자신감이 모자란 학생은 정반대이다. 결과적으로 자신감이 있는 학생은 수업에서 대담하게 발언하며 학우와

의 교제에서도 여유가 있어 끊임없이 새로운 성공을 거둔
다. 자신감이 모자란 학생은 말도 감히 잘 못하며 일도 조
심조심하여 마침내 더욱 자기를 비하하고 실패하게 된다.

✔ 자기 발전을 위해 쉬지 않고 노력하는 학생은 처지가 갈수
록 좋아지고, 자포자기하는 학생은 처지가 갈수록 나빠진
다. 이러한 현상은 개별적인 주관적 능동성과 인생철학에
서의 마태효과이다.

✔ 공부 잘하는 학생은 좋은 고등학교에 입학하고 나아가 좋
은 대학에 합격하며, 공부 못 하는 학생은 좋은 고등학교에
들어가지 못하니 좋은 대학 역시 바라지도 못한다. 좋은 대
학에 들어가지 못하면 졸업과 동시에 취직에 영향이 있으
며 활동 공간도 제한받을 수 있다. 연착된 기차가 계속하여
급행과 정시에 출발한 기차에 길을 양보하는 것처럼, 한걸
음이 뒤처지면 내내 뒤처지게 된다. 이것은 인사 제도에서
의 마태효과이다.

같이 교육을 받아도 시골과 도시 어린이가 받는 교육의 질은 차
이가 난다. 일반 학교와 명문 학교의 학생이 받는 교육도 마찬가
지다. 이러한 피 교육권의 질적인 불평등은 앞으로 아이들의 발전
과 앞날에도 영향을 미치는데, 이것은 개인 발전권의 불평등이다.

그리고 그런 불평등을 만드는 원인은 과거 각각의 학교에 대한 투자의 불균형과 밀접한 관계가 있다.

정부는 의무 교육의 투자자이자 책임자로서 국민에게 질적이고 양적인 면에서 평등하게 교육받을 기회를 제공할 책임과 의무가 있다. 따라서 각각의 학생이 모두 질과 양이 같은 의무 교육을 받게 해주는 것이 교육의 중점적인 업무이다. 의무 교육 제도에서의 학교는 균형 있게 발전시켜야 하고 차별을 두어서도 안 되며, 인위적으로 차이를 확대해서는 안 된다.

그러나 현재 상황은 의무 교육에서의 마태효과가 갈수록 뚜렷해지고 있다. 많은 곳은 더 많이 받고, 적은 곳은 더 적게 받는다.

과거에 줄곧 주목을 받아온 학교는 선천적으로 강점을 지녔으며 시장 시스템도 그들을 돕는다. 따라서 그들은 공급원을 좌지우지할 수 있다. 학교 선택비와 각종의 출연금이 그 재원을 풍부하게 하니 학생들이 벌떼처럼 몰려들어 학생 자원에서 강점을 지니게 된다. 그리하여 일반 학교는 그들과 경쟁하기 어려워져서 '강세집단'과 '약세집단' 사이의 차이는 더욱 벌어진다. 그리하여 어떤 지역의 교사와 학생이 심각할 정도로 줄어들고 폐교 위기에 놓이게 된다.

이런 현상에 대해 정부가 만약 강력한 정책으로 의무 교육 제도 아래 '약세집단'을 부축하는 조치를 하지 않는다면 그들이 지닌 경쟁에서 약세인 지위는 근본적으로 바뀌기 어렵다. 모두가 평등하게 교육을 받을 권리도 실현되기 어렵다. 최근의 교육 상황을 살펴보면 몇몇 관료가 중시하는 것은 여전히 대표적인 학교나 특화된 학교이며, 그 정책적 조치와 방법도 여전히 그들 학교에 기울어져 있다. '금상첨화'는 많고 '약자부축'은 줄어들어 마태효과가 갈수록 심화한다.

자만과 자기비하의 대립 형성

품행과 학습이 모두 우수한 학생은 교사들에게 더욱 자주 칭찬을 받으며 가정에서도 많은 사랑을 받는다. 이와 같은 좋은 성장 환경이 그 학생에게 주는 것은 모두가 기쁨만은 아니다. 다른 학생들은 그에 대해 다음과 같은 소문을 낼 수 있다.

"선생님은 그 애 하나만을 생각한대. 뭐든지 좋은 것은 다 그 애 차지야."

"선생님은 그 애의 재능이 뛰어나다며 수시로 앞세우니 능력이 향상하지 않을 수 있겠니? 우리는 적극적으로 나서고 싶어도 기회가 없잖아!"

"그 애는 단점이 있어도 선생님이 밀어주잖아."

"우수 학생, 우수 단원, 간부 등을 모두 그 애가 차지해. 선생님은 색안경을 끼고 사람을 보는 것 같아."

   교육에는 늘 위와 같은 상황을 만난다.

   만약 이러한 마태효과에 주의하지 않는다면 단지 소수의 뛰어난 학생만을 위하고, 대다수의 학생을 홀대하거나 내버려두어 소수와 다수를 격리시키고, 대립시키는 상황에 이르게 된다.

   학생 간의 관계가 화목하지 못하면 교사가 좋아하는 학생은 학우들이 싫어하며 반에서 따돌림당하게 된다. 감정도 싸늘해지고 심하면 적대감까지 생겨 대다수 학생은 교사의 말을 늘 나쁜 쪽으로 생각하게 된다. 이렇게 융화되지 못하는 교사와 학생 간의 관계는 교사의 교육 방침에 영향을 미치는 동시에 피교육자의 발전과 향상에도 영향을 미친다.

   이런 문제가 발생하는 원인은 대부분 교사와 학생 간의 태도와 관련이 있다. 만약 교사가 의식적이거나 무의식적으로 우수한 학생을 편애하고, 그보다는 못한 학생을 무시하여 각각의 학생에게 다른 애정으로 대한다면 교사와 학생 간, 그리고 학우들끼리의 관계에 악영향을 미칠 것이다.

   미국의 심리학자 토머스 해리슨은 "학교는 부자를 더 부자로, 가난한 자를 더 가난하게 만드는 곳이다"라고 말했다. 즉, 학교 교육에서 마태효과는 문제가 있는 학생은 늘 당연히 받아야 할 도움을 받지 못하고, 좋은 학생은 더 많은 주목과 기회와 칭찬을 받는 등의 현상으로 나타나는 것이다.

마태효과에는 심리적인 위험이 따르는데, 교육에서 자만과 자기비하의 대립을 형성할 수 있다. 좋은 학생을 지나치게 편애하는 교사가 지도하는 학급에는 흔히 다음과 같은 문제가 발생할 수 있다. 소수의 학생은 자부심과 자만심이 가득하여 제 잘난 멋에 빠지고, 다수의 학생은 자신감이 결핍되고 자포자기한다. 다시 말하면 교육에서의 마태효과는 소수의 학생은 정신적인 '귀족'이 되고, 다수 학생은 푸대접받는 '버려진' 학생이 되게 만든다.

따라서 우리는 이러한 교육의 부정적 작용을 방지하고, 반 마태효과의 방법으로 학생 모두의 건강한 성장을 위한 양호한 심리적 환경을 만들어야 한다.

이러한 문제를 처리하기 위한 중요한 해결책은 학생의 감정적인 '얼음 덩어리'를 없애는 것이다. 교사는 반 마태효과의 방법을 운용하여 부정적인 정서의 학생이 지닌 심리적 문제를 해결해줄 수 있다.

교육에서의 반 마태효과의 관건은 교사로 하여금 고정된 심리를 극복하여 학생에 대해 발전적인 관념을 가지게 하는 데에 있다. 학생 하나하나의 지식과 경험, 능력, 출발점은 각기 다르다. 교사는 학생 모두에게 수준별로 각기 다른 학습의 잠재력이 있다는 것을 믿어야 한다.

반 마태효과는 마태효과에 대응하여 제기한 것으로, 교사가 학생을 똑같이 대하여 달라고 요구한다. 좋은 학생만을 지나치게 편애해서는 안 되며, 반대로 못 한 학생은 더 살펴주고 도움과 따뜻함을 주어야 한다. 교육의 목적은 '큰 면적에서의 풍작'을 추구하여 각각의 학생이 모두 교사의 관심과 애정을 받을 수 있게 만드는 것이다.

손바닥과 손등 모두 살이다

교사에 대한 감정이 차갑거나 심지어 적대적인 학생은 책임을 맡기는 방법으로 감화할 수 있다.

크리나는 일찍이 이 방법을 성공적으로 운용하였다. 그는 적의를 품고 교사를 믿지 않는 학생 제이슨에게 두 차례에 걸쳐 학교에서 필요한 2,500달러를 찾아오게 하였다. 이렇게 100퍼센트 신임하는 책임감의 부여에 매우 놀란 제이슨은 처음으로 자신의 존엄성과 가치를 느꼈다. 그로부터 제이슨은 교사에 대한 태도를 바꾸었을 뿐만 아니라 악습도 바꾸었다.

위와 같이 교사가 학생에게 적당히 일을 맡기어, 교사의 신임과 관심을 느끼게 하고 성공의 즐거움을 맛보게 하면 좋은 교육 효과를 낼 수 있다.

그 밖에도 교사와 학생 간 왕래에서 여러 가지 전달 관계를 활용하여, 의도적으로 문제 학생이 교사의 간접적인 평가를 듣게 하는 것도 학생의 교사에 대한 태도를 바꾸는 방법이다. 교사와 학생 간의 왕래는 여러 방식이 있다. 직접적인 전달 관계와 간접적인 전달 관계가 있는데, 후자는 보통 재전달의 가능성이 있다. 이러한 교사와 학생 간의 간접적인 전달 방식은 듣는 이로 하여금 더욱 믿게 하며 마음을 따뜻하게 녹여줄 수 있다. 교사가 정확한 전달 방식을 운용하여 간접적으로 긍정적 평가를 받은 학생의 귀에 들어가게 한다면 교사와 학생 간에 형성된 긴장과 적대적 심리를 완화하는 데에 매우 유리할 것이다.

물론 매개자를 통한 전달에는 부정적인 면도 있다. 쓸데없는 말이 덧붙기 쉽고 뜻이 왜곡될 수도 있으므로 교사는 그에 대해 주의를 기울여 피할 수 있도록 노력해야 한다.

정리하면 교사는 각각의 모든 학생을 존중하여 각기 다른 상황에서 자존심을 살피면서 관심을 주어야 한다. '손바닥과 손등 모두 살이다' 라는 교육관을 세워 마태효과의 문제 영역을 벗어나고, 반 마태효과의 교육관을 통해 학생의 적대적인 심리를 해결해야 한다.

교육에 영향을 주는 요인

우수한 교육은 중요한 몇몇 요소에 기인하며, 우수한 교육성과는 특정 경향(취향)과 방법으로부터 비롯된다. 만약 우리가 그러한 원인과 방법을 찾아 출현 빈도수를 늘릴 수 있다면 우리의 교육은 매우 발전할 것이다. 따라서 몇몇 교육학자들이 이것에 대해 연구를 하였고, 결과는 다음과 같다.

부루킹스 연구소The Brookings Institution는 미국 500개의 중학교를 상대로 어떠한 요소가 학생의 학습에 영향을 미치는지를 조사했다. 그 결과 가장 중요한 요소는 학생 자신의 성격과 태도였으며, 이 모두는 주로 가정 배경에 의해 결정되었다.

학교의 목표는 모든 학생이 적극적인 태도로 학업에 몰두하게 하는 것이다. 학교가 가진 목표에 도달하려면 모든 가정이 사회적 부를 창조하는 과정에 참여하여 일정한 자산을 지니도록 해야 한다. 학교의 단기적인 목표는 학생이 학업을 싫어하는 심리가 생기지 않도록 만드는 것이다.

또한, 이 연구에서는 학생의 성격과 태도 외에 다음으로 중요한 요소가 학교 자체라는 것도 발견하였다. 어떤 학교는 뚜렷이 다른 학교보다 우수하였는데, 사람들은 모두 그 원인이 학교의 경비, 교사의 보수, 학생을 위해 지출하는 평균 비용, 학급의 크기, 졸업을 위한 필수 구비조건 등일 것으로 추측하였다.

그러나 실제 그런 것들의 영향은 크지 않았고, 가장 중요한 요소는 부모의 아이들에 대한 장악력, 학교 교육 목표의 명확성, 지도력, 학교의 자주성, 교사의 교육 이념과 학생으로부터의 존경이었다. 그럼에도, 대다수 학교는 이러한 요소를 확장하거나 장려하지 않았다.

사실 우리가 교사와 부모에게 학교를 관리할 권한을 갖게 한다면 교육에 들이는 공공경비를 줄일 수 있으며 교육의 결과도 대대적으로 개선할 수 있다.

그밖에 우수한 교육 효과를 거두는가는 교육 방법의 문제와 관련된다. 《학습의 혁명》은 그에 대하여 한층 깊이 연구하여 대단히 효과가 있다고 증명된 방법을 제시하였다.

뉴질랜드의 프레스 메이는 또래보다 5년가량 뒤떨어진 11세 학생인데, 녹음테이프를 독해의 보조 교재로 사용하여 10주 만에 친구들을 따라잡았다.

미군의 한 실험에서 드러난 바에 따르면 학습 기교의 방법이 첨부된 책을 사용한 후에는 사병들의 독일어 학습 속도가 예상보다 7배가량 빨라져, 이전에 들였던 시간의 3분의 1만으로도 예상한 것보다 두 배의 진도를 초과달성하였다.

영국 레디취Redditch에 있는 브리들리 무어 고등학교Brodley Moor High School에서는 가속화의 방법으로 학생에게 외국어를 가르쳤다.

기본적인 학습 방법을 사용했을 때는 11퍼센트의 학생만이 80점 이상을, 3퍼센트만이 90점을 받았다. 그러나 새로운 방법을 쓴 후에는 65퍼센트의 학생이 80점 이상을, 38퍼센트의 학생이 90점 이상을 받아, 과거보다 열 배가 증가하였다.

《학습의 혁명》의 중점 내용은 유용한 방법을 생활에서 가장 중요한 데에 쓰는 것이다. 언제나 놀라운 결과를 낼 몇 가지 방법은 있게 마련이고, 그것들을 찾아낸 후에 확대한다면 현재 상황을 개선할 뿐만 아니라 발전을 높일 수 있다.

교육 문제를 철저히 해결하려면 가장 유용한 방법을 취해야 한다. 여기에서 가장 유용한 방법은 실험 후에 확실히 효과적이라고 증명된 것을 가리킬 뿐만 아니라 내실 있는 교육 구조를 세우는 것도 포함한다. 학교가 자기 발전을 장악하고, 동시에 부모와 교사도 자기의 생각을 시도할 기회를 얻게 해야 한다.

우리는 천재가 필요 없다

"미국 같은 약육강식의 사회가 좋지 않다고 생각하는 사람은 손을 드세요."

스웨덴 스톡홀름 교외의 한 초급학교(초등학교와 중학교에 해당)를 방문한 외국인의 질문에 한 학급 서른 명의 학생이 모두 손을 들어 질문자를 몹시 놀라게 하였다.

"왜 좋지 않은가요?"

"소수의 강자만이 승리하는 사회는 민주적인 사회가 아니니까요." 남학생 하나가 대답했다.

'천재'라는 단어와 불가분의 관계를 지닌 노벨Alfred Nobel이 태어난 스웨덴의 학교 교육 이념은 뜻밖에도 한 사람의 천재를 길러내기보다는 한 사람의 낙오자도 없애 모든 사회의 전체적 소양을 높이겠다는 것이었다.

학교 교육에 대해 잘 아는 괴테보르그즈대학교Göteborgs Universitet 번거트 애더스팀 교수는 다음과 같이 말한다. "스웨덴은 작은 나라이다. 만약 각 개인의 능력이 발휘하지 않으면 사회 전체가 정상적으로 발전할 수 없다. 따라서 자연스럽게 우리는 평등한 사회를 건설해야만 한다. 학생들에게 인류가 어떻게 단결을 강화하여 함께 발전할 것인가, 어떻게 약육강식의 법칙 아래에서 인류 사회를 보호하는가를 가르치는 것이 교육의 중요 과제이다."

스웨덴 남부 작은 마을의 관청과 지역 상공회에서 관리하는 성인 학교에서 미카엘 라프그란트가 가르치는 학생 150명의 연령은 25세에서 54세까지 다양하며 그 중 반은 실업자이다.

이 학교 교사에 따르면 대학을 가려고 공부하는 학생은 하나도 없다고 한다. 54세의 아우프 트레송은 원래 공항에서 13년간 일하다가 최근에 실업하였는데, 앞으로 마을에서 생활 지도원이 될 계획이다. 35세의 앤 하거만은 두 아이의 엄마로서 동물원 사육사를 지냈으나 무릎에 병이 생겨 일을 그만두었고, 지금은 환경 문제를 공부한 후에 그 방면에서 일하려고 한다.

이러한 성인 재교육은 물론 비교적 많은 사회 자원을 써야 한다. 그러나 전체 사회 구성원은 이에 대해 이의가 없으며 심지어 행정관청은 성인 학교의 입학생 수를 늘릴 계획이다. 번거트 애더스팀 교수는 다음과 같이 말한다. "단지 여기에서 생활하는 사람들이 행복할 수만 있다면 세금을 더 낸다고 하여도, 사람들은 그것을 '사회의 윤활제'로 여기어 기꺼이 낼 것이다. 사회 전체가 이미 그런 여론을 형성하고 있다."

스웨덴 국민의 세금 부담률은 이미 56퍼센트에 이른다. 거기에 사회 보장의 부담을 더하면 75퍼센트에 이른다. 그런데도 사람들은 여전히 국가가 시행하는 복지정책을 지지하며 미국과 같은 약육강식 사회에 반대한다. 그들은 극소수의 사람만이 억만 달러의 재산을 꿰차고 대다수 사람은 실업자의 처지에 놓인 것은 사회의 최대 비극이라고 생각한다.

이런 인식은 교육에도 반영되어 '우리는 천재가 필요 없다'라는 것이다. 스웨덴은 사회의 자원을 소수의 엘리트 배양에 집중하지 않는다. 피교육자가 단지 건강한 신체와 건전한 도덕심 및 책임감, 그리고 단결하여 공동발전하려는 정신만 가진다면 바로 성공적인 교육이다. 어떤 사회는 천재가 적지 않지만 안타깝게도 그들 엘리트는 대부분 도덕심과 책임감이 건전하지 못하다. 그런 그들을 성공한 사람이라고 말할 수 있을까?

사람은 타인에 대한 사랑이 없을 수 없다. 그러나 어떤 국가에서는 실업자나 하층에서 생활하는 약자집단을 지능이 낮거나 노력하려고 하지 않는 사람들로 간주하며, 그들을 동정하면 오히려 '도덕적 위험'이 발생할 수 있다고 여긴다. 그 결과 사람들은 오직 경쟁만을 일삼고 이익만을 추구하여 사회의 불안을 가져와 행복이랄 것은 어디에도 없다. 스웨덴 사람의 생각은 남의 성공에 헌신해야 자기도 성공할 수 있다는 것이다. 이런 단결과 상호협조 및 공동발전의 원칙이 뿌리가 깊어질수록 많은 사람이 경쟁 사회를 버리고 타인과 함께하는 길을 선택한다. 이것은 스웨덴 교육이 성공한 점이라고 말할 수 있다.

과학계의 엘리트 독점 현상

코일 형제는 일찍이 과학계(사실은 미국 물리학계)의 사회적 계층 문제에 대해 상세하게 연구하여 다음과 같은 두 개의 중요한 결론을 얻었다.

✔ 과학계는 재능이 뛰어난 작은 엘리트 그룹에 의해 통치되
며, 상과 이름난 직위 및 지명도 등의 모든 주요 인정 방식
이 소수의 과학자에 의해 독점된다.

✔ 대다수 과학자는 과학 발전에 대한 공헌도가 매우 낮다.

분명 이들 재능이 뛰어난 작은 엘리트 그룹은 학술적 권위자들
로, 그들은 사회적 계층 분리의 결과이며 마태효과의 산물이다.

1973년 미국의 사회학자 로버트 K. 머튼은 이러한 과학계의 마
태효과를 다음과 같이 요약하였다. "이미 상당한 명성이 있는 과
학자가 차지하는 과학적 공헌에 대한 명예는 갈수록 높아지는데,
무명 과학자에 대하여는 그들의 업적을 인정하지 않는다."

유명인과 무명인이 같은 업적을 올릴 경우 전자는 흔히 상당한
칭송과 인터뷰가 따르고, 가르침을 청하는 이들과 방문자의 발걸
음이 끊이지 않는다. 그리고 다양한 월계관을 쓰게 될 것이다. 이
때 만약 또렷한 자아 인식과 이지적 태도를 지니지 못하면 흔히
인생길에서 곤두박질칠 수 있다. 그런데 무명인은 아무도 묻지 않
으며 격려하지 않는다. 심지어 비난을 당하고 타격을 입어 결국
아무것도 할 수 없을 만큼 평범하게 된다.

그러나 마태효과가 과학계에 아무런 도움도 안 되는 것은 아니다. 한편으로는 아직 성숙하지 않은 결과에 대해 사회가 지나치게 일찍 인정하거나 겉모습만 그럴듯한 성과를 지나치게 일찍 받아들이는 것을 방지할 수 있다. 다른 한편으로 마태효과로 생겨난 '명예 추가'와 '종신 명예' 등은 무명인에게 거대한 흡인력을 낳아 그들의 끊임없는 분투를 촉진한다. 그런 의미에서 마태효과는 사회의 진보와 과학의 발전에 긍정적인 의의가 있다.

노벨상은 유명인에게만 준다

노벨상 수상자의 선발에서 마태효과는 매우 뚜렷하게 드러난다. 누군가 말하기를 노벨상은 유명인에게만 주는데, 유명인이 노벨상의 사회적 명성을 높이면 높였지 그 반대는 아니라고 하였다. 확실히 노벨상을 받기 전의 많은 과학자와 문학인은 이미 저명한 인사이며 그들의 성과는 일찌감치 세상에서 공인된 것이었다.

자연과학 영역에서 많은 노벨상 수상자는 수상하기 전에 이미 세상에 이름을 날렸으므로 그들에게 노벨상을 수여하는 것은 모두가 인정하고 예상한 일이다. 과학 영역의 방향과 조류를 주도하였고 또 그들의 논문도 오래전부터 널리 인용되었으므로, 그들에게 노벨상을 수여하지 않는 것은 합당하지 않은 일이 되었던 것이다. 예를 들어, 1967년 출판한 《과학논문인용색인》에서 인용 빈도가 가장 높았던 네 명의 과학자는 5년 안에 차례대로 노벨상을 받았다. 머리 겔만Murry Gell-Mann은 1969년에 물리학상을, 바턴Derek H. R. Barton은 1969년에 화학상을, 오일러Ulf von Euler는 1970년에 의학상을, 헤르츠베르크Gerhard Herzberg는 1971년에 화학상을 받았다.

머리 겔만이 1961년에 발표한 소립자의 분류에 관한 논문은 당시 150차례나 인용된 것을 보면 이미 세계 물리학계에 명성이 가득하였음을 알 수 있다. 1967년의 물리학상 수상자 베테Hans Albrecht Bethe가 1926년에서 1935년 사이에 발표한 논문은 1965년까지 매년 그 인용 횟수가 줄곧 28회 이상이었다. 광범위한 인용은 과학계가 승인한다는 것을 보여주며, 오래도록 인용된다는 것은 강한 생명력을 보여주는 것이다.

또 다른 연구에 의하면 1961년부터 1971년까지의 10년간 노벨상 수상자의 논문 인용 빈도는 평균 222회에 이른다. 이는 《과학논문인용색인》의 평균인용 빈도수의 40배 이상이며 미국과학원 원사 논문 인용 빈도수의 2배이다.

1965년에서 1969년까지의 노벨상 수상자들이 일찍이 발표한 논문은 30년이 지나도록 여전히 인용되어 매년 평균인용 횟수가 8회 이상이다. 이들과 분명히 대비되는 것은 비 수상자의 논문은 매년 인용 횟수가 0.5회로 전자의 16분의 1에 그친다는 점이다. 이러한 광범위한 인용은 논문 저자들을 일찌감치 과학계의 스타로 만들었으며 해당 분야의 창시자로 만들었던 것이다.

만약 노벨상 수상자가 대학에 있다면 정교수로 승진하기 더 쉽다. 통계에 따르면 37세를 경계로 노벨상 수상자 대부분이 그 이전에 정교수가 되었으며, 비 수상자는 대부분 그 이후에나 정교수가 되었다. 따라서 노벨상 수상자는 그렇지 않은 사람들보다 5년 일찍 정교수가 된 것이다.

구체적으로 각 수상자의 경우를 보면 차이는 더욱 크다.

어떤 수상자는 30세가 되기 이전에 정교수가 되었으니 1927년, 1939년, 1952년, 1963년의 물리학상 수상자 콤프턴Arthur Holly Compton, 로렌스Emest Orlando Lawrence, 블로흐Felix Bloch, 위그너Eugene Paul Wigner와 1933년 생리학 – 의학상 수상자 모건Tomas Hunt Morgan 등이 그렇다. 특히, 콤프턴은 28세에 워싱턴대학교의 물리학과 학과장으로 임명되었다. 이렇게 일찍 정교수가 되었으니 크게 명성을 얻고 학교의 스타가 되었음은 당연하다.

영국 과학자 디랙P. A. M. Dirac은 26세에 양자역학에 대한 견해를 밝히고, 28세에 왕실학회 회원이 되었으며, 1933년 31세가 되던 해에 노벨 물리학상을 받았다. 당대 유전학의 아버지 모건에게 있어서 노벨상은 마지막으로 받은 상이었다. 모건은 1933년 노벨상을 받기 전부터 이미 국제적인 명사였다. 1900년에 미국 유전학회와 미국 형태학회 회장, 1909년에는 미국 박물학회 회장, 1910년부터 1912년까지는 미국 실험동물학회 회장, 1927부터 1931년까지는 미국 과학원 원장, 1930년에는 미국 과학촉진협회 회장, 1932년에는 국제 유전학대회 회장에 선임되었다.

많은 수상자가 모건과 마찬가지로 노벨상을 받기 전에 이미 여러 가지 명예로운 칭호를 얻었다. 따라서 매번 노벨상위원회가 수상자 명단을 발표할 때마다 사람들은 모두에게 알려진 저명인사가 상 하나를 또 받는다고 여긴다.

마태효과와 학술계의 부패

학술 영역에는 흔히 다음과 같은 현상이 있다. 어떤 교수가 어떤 성과로 저명해지기만 하면-주요한 간행물에 영향력이 있는 논문을 발표하여 학술상 유리한 지위를 얻기만 하면-그 학술적 명망이 마태효과의 작용으로 지속적으로 확대되는 현상이 그것이다.

교수는 학술 권력을 장악하고 있기 때문에 각종 평가에서 그의 이름이 들어있기만 하면 체면 법칙에 의해-심사위원회 특히 그의 제자나 그와 체면을 주고받으려는 위원에 의해-그는 늘 평가에서 1위를 차지한다. 합법적인 학술 평가라는 이름으로 무명 학자의 자격은 박탈되며 그런 '저명 교수'는 필연코 점점 더 '저명'해진다.

그렇게 굳어지다 보면 그런 '저명 학자' 는 갈수록 학술로부터 멀어지며, 갈수록 학술 권력을 중시한다. 학술 저서 없이 학술 권력을 차지하다 보니 그들은 헛된 이름을 만들고 거품이 가득한 학술을 만들게 된다. 결국, 거품 학술은 갈수록 쌓아지고 학술계의 부패는 심화하는 것이다. 따라서 학술계의 부패는 단지 소수 학자의 의기와 호소, 실명 비판에만 의존해서는 해결이 안 된다. 그것이 심사의 폐단을 한두 차례는 바로잡을 수 있어도 학술계 부패의 근원을 뽑을 수는 없다. 왜냐하면 상업적인 시스템이 학술이 부족한 '저명 학자' 와 '저명 교수' 를 많이 생산해냈기 때문이다. 이렇듯 문맥이 통하지 않고 논리가 맞지 않아 고등학생 글만도 못 한 글을 쓰는 '저명 교수' 는 상업적인 시스템에 기대서야 겨우겨우 학술적 생명을 유지하고 있다.

오늘날 그들에게 양심에 따라 무대를 물러나고 권력을 내놓으라고 하는 것은 근본적으로 불가능하다. 목이 멘다고 먹기를 그만둘 수 없듯이 학술상을 폐지할 수는 없다. 그렇게 해서는 학술의 부패를 제거할 수도 없을 뿐만 아니라 학술 연구를 지원하는 정부의 적극성도 손상시킬 것이다.

물론 이러한 마태효과는 우수한 것을 살리고 열등한 것을 도태시키는 선별 시스템을 세우는 데에 도움이 되지 않는 것은 아니다. 그러나 결코 인위적으로 '부익부 빈익빈' 을 조장해서는 안 된다. 만약 그렇게 한다면 아마도 우수한 것을 고르고 열등한 것을 도태시키는 것이 아니라, 우열을 구분하지 않고 이미 정해진 지분에 따라 이익을 분배하는 것이 될 따름이다.

이 책 《마태효과》는 바로 성공하려는 사람들을 위한 책이다. 성공을 위해 반드시 깊이 인식해야 할 사회 각 분야의 현상을 하나의 큰 맥락 속에서 알기 쉽게 설명하면서, 목표의 설정과 조건의 분석, 그리고 실천할 바를 구체적으로 제시한다. 경제 분야를 중점으로 부의 축적과 운용은 물론이고 경제계 현상과 전망, 자신의 능력을 강화하고 주가를 올리는 일과 대인 관계, 조직 속에서의 처신, 직업이나 사업의 선택과 운영, 심지어 교육과 학술 방면의 효율성 등에 이르기까지 매우 다양한 내용을 다루었다. 이 책이 제시하는 성공의 비결은 때로는 평범하고 때로는 기발한 가운데 그 요점을 잘 짚어내고 있으며, 동시에 실천 의지를 북돋아준다.

　나는 이 책이 성경 속에 담겨있는 성공 비결을 중국어로 썼다는 점에 호기심이 생겨 읽게 되었다. 다 읽은 뒤에는 이 책이 무엇보다도 성공을 향한 강한 의욕과 자신감을 불러일으켜, 사회 속에서 더욱 긍정적이고 적극적인 사람이 되게 하는 데 큰 도움을 줄 수 있다는 믿음이 들었다. 때마침 실용적인 책을 내보라는 권유를 받던 나에게 전공과는 다소 거리가 있는 이 책을 옮긴 배경이다. 다만, 이 책은 주로 경제적 측면을 강조한 성공에 주목하고 있다. 따라서 성공을 위한 이 책과 함께 행복을 얻기 위한 책도 더불어 읽는 것이 좋겠다는 생각도 해본다.

오수형